JN083087

若手研究者必携

比較教育学のライフストーリー

研究スキル×キャリア形成

鴨川明子・牧貴愛・須藤玲 編著

東信堂

はしがき

　本書は、山内乾史編『比較教育学の研究スキル』及び森下稔他編『比較教育学のアカデミック・キャリア―比較教育学を学ぶ人の多様な生き方・働き方』(いずれも東信堂) に続く、日本比較教育学会研究委員会による若手研究者支援の第三弾です。先の二冊と同様に、比較教育学を学ぶ大学院生や若手研究者を主な読者として想定していますが、中堅以上の研究者も含め、幅広い世代に、様々な読み方をしてもらえるようなものになっています。加えて、本書の特色は、「比較教育学者のライフストーリー」というアプローチから、比較教育学者の苦楽 (リアル) をすくい上げ、比較教育学の面白さを紐解く点にあります。

　日本比較教育学会の会員が研究対象とするフィールドは、実に多様です。学会紀要『比較教育学研究』を参照すると、外国を対象とした教育学研究が活発に行われてきたことが見て取れます。しかし日本の教育学研究の全体から見ると、外国の教育を取り上げる研究者は決してマジョリティではないように思えます。その特殊性ゆえに、比較教育学者には、「なぜ日本ではなく、外国の教育を研究するのか?」という言葉が常に付きまとってきたのではないでしょうか。

　また、そもそも比較教育学という学問領域に特化した講座を持つ研究科、演習を開設している学部・学科を有する国内の高等教育機関は少ないのも事実です。現に、比較教育学を専門としつつも、所属の高等教育機関では教職課程科目を担当したり、外国と関わりがあることから国際開発や国際協力分野の講座を担当したりしているケースも多く見られます。この他、昨今の大学改革により若手研究者を取り巻く研究環境やキャリアパスは大きく変化しています。

　このような変化の中で、これまで比較教育学者はどのように研究を続けてきたのでしょうか。また、これまでどのような苦楽に直面してきたのでしょ

うか。さらには、そうした苦楽を乗り越えた比較教育学者だからこそ語ることができる、比較教育学の魅力とは何でしょうか。本書には、比較教育学者のライフストーリーに着目したからこそ引き出すことできたものが凝縮されています。

　本書は、自らの研究活動やキャリアに不安を抱える、比較教育学を学ぶ若手（特に大学院生）にも手に取ってほしい一冊です。大学改革の波だけでなく、2020年から始まった新型コロナウィルスのパンデミックによって、海外調査に行くことが難しく、さらに厳しい状況に追い込まれた若手も少なくないはずです。本書で紹介するライフストーリーは、こうした若手が抱える不安を和らげつつ、比較教育学を学び続けたいと思わせてくれるに違いありません。

　本書の各章は、2021年10月から2022年8月にかけて、日本比較教育学会の若手ネットワーク委員会（Y-Net）が主催した計8回にわたる連続セミナー「インビジブル・カレッジ・セミナー（Invisible College Seminar、以下ICS）」がもとになっています。ICSは、「学びたい人が自由に集まる場」をコンセプトとし、同学会の第一線で活躍する先生方をお招きし、研究・教育・実践をめぐる様々なエピソードをはじめとする人生の物語、すなわちライフストーリーについて、若手研究者や大学院生の視点からインタビューを行うセミナーです。本セミナーでは、研究に関するお話はもちろんのこと、研究者としてのキャリアや先生ご自身のプライベートなお話も伺いました。本セミナーは、若手研究者にとって、ライフストーリーインタビューという研究スキルのティップスを学ぶとともに、実務や研究のキャリア形成へのヒントも得られる機会になりました。本書は、そのセミナーに参加することができなかった読者の皆さんにも、そのセミナーの様子を少しでもお届けしたいと思い、編んだものです。

　本書にご登場いただく先生方は、大塚豊先生（福山大学）、杉村美紀先生（上智大学）、吉田和浩先生（広島大学）、福留東土先生（東京大学）、山田肖子先生（名古屋大学）、牧貴愛先生（広島大学）、濱谷佳奈先生（中央大学）、関口洋平先生（畿央大学）、小川未空先生（大阪大学）、芦田明美先生（名古屋大学）で、研究フィー

ルドもご経歴も、実に多様です。ICS 内のインタビューでは、「フィールド・比較教育学との出会い」や「研究手法」、「キャリア」、「比較教育学 (者) の学問観」といった切り口からお伺いし、特に印象深かった部分を厳選かつ凝縮した形で、各章や各コラムにまとめています。

　最後になりましたが、本書の ICS に登壇いただきました語り手の先生方、各章・コラムを執筆してくださった聞き手の若手の方々、そして本書の出版を快く引き受けてくださった下田勝司社長はじめ東信堂の皆様に、深く御礼申し上げます。

編者を代表して

須藤　玲

若手研究者必携 比較教育学のライフストーリー
——研究スキル×キャリア形成——

第II部　想う・乗り越える・迫る比較教育学

第Ⅲ部　　巻き込む・向き合う・育む比較教育学

第8章　小川未空先生に聞く

　　　　「楽になるための比較教育学」……………………八木　歩 100
　　　　　──ケニアを知り、しんどさと向き合う──

第9章　タイにしがみついてきた牧貴愛先生 ……………須藤　玲 112
　　　　　──フィールド愛が教育の地域研究を育む──

第Ⅳ部　編む・つむぐ比較教育学

x

若手研究者必携

比較教育学のライフストーリー

──研究スキル✕キャリア形成──

第Ⅰ部

遊ぶ・活かす・つなぐ比較教育学

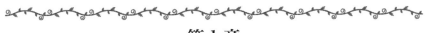

第1章
大塚豊先生に聞く「方法としてのフィールド」
──外国教育研究に遊ぶ──

（インタビュー実施日：2021年12月6日）

飛田麻也香

本気でインタビューをしてくる人には本気で答えようと、
インタビュイーとしても思うんですね。

語り手　**大塚豊先生**

聞き手　**飛田麻也香**

概　要

　比較教育学研究においては、研究対象である様々な国や地域を実際に訪れ、
フィールドワークを実施する機会も多くあるでしょう。フィールドは「宝の山」
といいますが、宝を手に入れることは決して簡単ではありません。フィールド
ワークを実施するにあたって、必要な心構えや大切なこととは何でしょうか。
本章では、中国をはじめ、広くアジア諸国をフィールドに研究を行う福山大学
の大塚豊先生に、はじめてフィールドを訪れた印象や、フィールドワークでの
苦労、フィールドで大切にしていることなどについて伺いました。「フィールド
では外交官にでもなったつもりで、国の恥になるようなことをしてはいけない」
「本気でインタビューする人には本気で答える」という大塚先生のご発言からも
分かるように、インタビュー全体を通して、大塚先生のフィールドに対する真
摯な姿勢や、フィールドにおける情報収集への強い熱意がうかがえました。事

前にきちんと情報収集を行い、準備することは必要だけれども、同時にフィールドでは事前の情報にとらわれることなく、自分が見聞きしたものに最大限の重点を置くことが非常に重要なことであると教えていただきました。こうしたお考えの背景には、大塚先生がこれまでのフィールドワークで経験された苦労や喜び、そして「我以外皆我師」という思いに基づいた様々な先生方からの学びがあると考えられます。大塚先生の「外国教育研究に遊べるのが比較教育学者」という言葉からは、単に「木に竹を接ぐ」ような考察結果の発表の仕方ではなく、フィールドをホリスティックに捉えるとともに、ディシプリンにとらわれず、自由にものを見たり語ったりできる余裕を持った研究者の姿、さらにそれを超えて、ホイジンガの「ホモ・ルーデンス（遊ぶ人）」を想起させられるものでした。

1　はじめに

　大塚豊先生は比較教育学をご専門とされ、中国を中心に、広くアジア諸国の高等教育、国際教育交流に関する研究を行って来られました。聞き手（飛田）は、修士課程在学中に、大塚先生の「方法としてのフィールド―比較教育学の方法論検討の一視点―」（関連文献①）を読み、その内容に感銘を受けて、折に触れて幾度も読み返しています。

　本章では、同論文で示されている考え方の背景にある大塚先生のご経験を中心に据えて、フィールドワークに際しての心構えや大切な事柄を、大塚先生のライフストーリーから学びます。

2　比較教育学、中国との出会い

　　Q：どのようにして比較教育学やフィールドである中国と出会い、興味関心を抱かれたのでしょうか。また、初めて現地に渡航した際の気持ちや、印象に残ったことについて教えてください

(1) 比較教育学との出会い

　比較教育学と出会い、学びたいと思ったのは、比較教育学の授業を受けたということが大きいと思います。学部生の頃に、沖原豊先生（広島大学）によ

る講義、演習や、小林哲也先生（京都大学）、川野辺敏先生（星槎大学）、国研（現・国立教育政策研究所）に長くいらっしゃった先生方の集中講義を受けて、比較教育は面白いと漠然と感じていました。教育方法論、教授法、教育行政学などいろいろありますが、比較教育学は教育の実践から少し距離をおいて、文化論というか、大所高所から教育を見るというような感じがして何となく面白いと感じていました。

(2) 中国との出会い

なぜいろいろな国があるのに中国に関心を持ったかというのは、ちょうど大学紛争の頃で革新的なものへのあこがれも多少あったと思います。もう一つはやはり日本人の思想的な基盤としての中国でしょう。そんな大層なものではありませんが、育てられてきた過程で自然に身につくような、親孝行、長幼の助など、学校で学ばなくとも何となく日本人が日常的な営みの中で身につけているような、そういうものの考え方というのは元をたどれば儒教や中国の古典に行き着くでしょう。当時、漠然と中国というものに関心を持って研究をしてみたい、そして、それなら比較教育学だろうと思っていました。

(3) 初めての現地渡航

初めて中国の地を踏んだのは、まだ国交回復から間もない 1977 年の 8 月末頃だったと思います。当時、中国には今のように簡単に行ける時代ではありませんでした。そこで日中友好協会「正統」が組織した、京都府民日中友好の船（耀華号という大きな船）に乗って舞鶴から旅大（中国東北部、遼東半島南端にある都市の 1951 年から 1980 年までの旧称。現在の大連市）に向かいました。ただ、渡航に先だって京都か大阪で研修会がありまして、それに参加して審査を受けて、ようやくその旅行団に加わることができるようなことで、ハードルがかなり高かったですね。だけどなんとかして…どうしても中国に行きたいと思っていましたから、とにかくその噂を聞いて広島から申し込んで、京都府民ではないけれども何とか行くことができました。旅大の港に着いたときは、昔、記録映画で見たような特徴のある桟橋があって「中国へ来た」と本当に感慨深いものがありました。初めて行ったので、ものすごく感動して、写真をたくさん、ものすごい数のフィルムが残るほど撮りました。最近

はデジカメやスマホで簡単に写真が撮れるようになったのに、却って中国に行っても一枚も撮らずに帰ってくることもありますが、初めて行った時というのはものすごい感激で、たくさん撮りました。

　また、学部時代から少しずつ独学で学んでいた中国語を試す機会でもありましたね。旅大から入って北へ上って瀋陽に行きまして、人民公社の農家を訪ねました。農家の方が旧日本軍の昔話をされたのですが、そこのところは通訳がやはり日中友好を考えて…省いて通訳していることに気づきました。「あ、やっぱり中国語を勉強しておいてよかったな」と思いました。中国語では馬に乗って花見をする(走馬看花)と表現するような非常に駆け足の旅行でしたが、とにかく行きたいと思い続けていた中国に行けたので印象は強烈でした。その後、比較的長期の滞在を2、3回、短期の訪問は数えきれませんが、やはりこの77年の駆け足旅行がものすごく印象に強く残っています。

3　方法としてのフィールド

　　Q：先生の学生時代や研究員時代におけるフィールドワーク経験等を
　　　ふまえ、フィールドワークにおいて大切なことについてお考えを
　　　お聞かせください

(1) フィールドワークで学んだ情報収集への熱意と人間関係の大切さ

　国立教育研究所の研究員として長期滞在した当時(1982年)、中国は今のように開放的な時代ではありませんでした。改革開放政策は始まっていましたが、まだそんなに開放的ではありませんでした。長期滞在ですから大学の図書館なども利用できて、地方の大学の図書館なども入らせてもらえるんですが「ここで見るだけならよい」「コピーをとってはいけない」といった具合に、資料を見るにも、ものすごくいろんな制限がありました。そんな制限の中で資料収集をしていました。中には今まで見たこともないような資料もありました。ある大学の図書館などでは、ノートはとってもいいということで、書庫の中で資料を丸写ししたこともありました。スパイ映画みたいなことはできませんけれども、何とかして情報を取ろう、情報を取るために非常に努力

をしたと思います。

　それから聞き取りの能力。中国語は北から南から方言が非常に異なっているので、私が一生懸命耳を傾けてもなかなか聞き取れないこともあります。それでも、とにかく聞き取るために、必死で耳を傾ける。しかもいつでもテープレコーダーを回してもいいと言われることではなかったので、とにかくノートをとる。後で読んでも分かるようなノートをとる。ポイントだけ、本当に急いでいるときは単語だけ。何度も聞き返したりもしていましたが、そういうノートのとり方を習得するというのは相当大変だったなと思います。

　それから研究に直接関わることではないですが、飲食をめぐることですね。好き嫌いなくなんでも食べられるようでないといけないと思っています。酒の席に付き合うこともしばしばありました。いつだったか…内蒙古だったと思いますが、モンゴル包（パオ）というテントで宴会に招かれたことがありました。向こうが10人ぐらいでこっちは1人で、アルコール度数が何十度という非常に強い透明のお酒を乾杯、乾杯ってやって相当飲んだこともありました。しかし、飲んでも酒で正体を失ったりするとあとで信用を失いますので、なんとか持ちこたえる。その時は持ちこたえましたけど、翌朝すぐ薬屋に行って胃薬を買ったりしていました。つまらないことのようですが、やはり人間関係をきちんとうまく保つためには、狭い研究努力以外のところでも相当に考えていたことがあると思います。人間関係うんぬんというと非常に打算的に聞こえますけども、そうではなくて自然に人との付き合い方というか、いい人間関係を作れるような行動が大事だと思っています。我々は一個人、研究者としてフィールドとする国や地域へ行きますが、ある意味で国を代表しているというような意識、外交官になったつもりで、国の恥になるようなことはしてはいけないと思っています。資料の収集も、ある程度の節度を持ってやらないといけないし、日本人はダメだなと後で言われるようなことだけはしないようにと思っています。

(2) フィールドワークにおける感受概念と事前準備の重要性

　私は、ただひたすら自分なりに何がこの現場で、フィールドで捉えられるかというものを拾い集めて、その拾い集めたものの中で一体何が言えるかと

いうことを考えてきたということに尽きると思います。既存の仮説や西洋の大家、研究者の枠組みやものの考え方、これが正しいかどうかを検証したり、日本で直面している喫緊の教育課題の解決策に関わる情報を集めたりしようとすると往々にしてそれに囚われ、縛られてしまい、それ以外のことは視野から外れてしまうように思っています。もちろん何の枠組みもなくフィールドに入ることは現実ではあり得ないことだと思いますし、無手勝流で何か結論が出るほどフィールドは甘くないと思っています。事前の徹底的な情報収集、関連資料の読み込みが大事だと思います。しかし、フィールドに入る時にはいったんそれらは脇に置いて、忘れるくらいがよいのではないかと思っています。もちろん、忘れられないので頭の中には必ずあると思いますが、要するに意識としてそれはちょっと置いておいて、とにかくそこで見たもの聞いたものに最大限の重点を置くということが大切だと思います。

　それから現場でインタビューの手法を用いて情報を集める時には、質問内容で聞き手の本気度がわかる、相手に伝わると思っています。だから本気でインタビューをしてくる人には本気で答えようと、インタビュイーとしても思うんですね。逆に言えば、訪問する相手に「ただ者じゃないな、いい加減なことを言ってはいけないな」と思わせるような、一瞬たじろがせるような、いい質問を考えておかないといけないと思っています。そこに行くまでに学んだことに加えて、前日にふと思いつくこと、あるいは今日見聞きしたことの中で、追加でこれを聞いたら本質に迫れると思うようなことも含めていい質問を考えておくことが大事だと思っています。

　フィールドでは、中国に出会った時もそうだったのですが、そこに入って雰囲気に触れて空気を吸って感じることがまず大事だと思っています。そこでは文献をじっと読んでいるのとは全然違う理解が多くあると思います。また、フィールドで過ごす中で、研究者自身、私自身が鍛えられる。そういう方法としてのフィールドのあり方、フィールド自体が持つ人間を鍛える部分というものがあると思います。だからフィールドワークでは、フィールドで感じるものを率直に素直に受け止めるということが大切だと思っています。

4　外国教育研究に遊べる

　Q：大塚先生がこれまで大きく影響を受けた先生方について教えてくだ
　　　さい。また、先生にとって「比較教育学者」とはどのようなもので
　　　しょうか

(1)「我以外皆我師」

　福山大学の「学長短信」のある回に「我が師にまつわる三題噺」というのを
書きました。『宮本武蔵』を書いた吉川英治さんの「我以外皆我師」という有
名な言葉がありますが、最近、そういう思いを強く持つようになってきまし
た。長い…50年くらいになりますが、私が教育学という専門領域を学ぶ上で、
直接影響を受けた3人の先生は比較教育学の最初の手ほどきを受けた沖原豊
先生、アメリカ留学時代にお世話になった中国研究者のスチュアート・フレー
ザー先生 (ジョージ・ピーボディ教育大学)、そして中国の顧明遠先生 (北京師範
大学) です。

　「我以外皆我師」と言いましたが、この3人の先生方には、その中でも特
にお世話になり、影響を受けました。他にも、いろいろな先生方にお世話に
なりました。研究室の兄弟子の馬越徹先生 (名古屋大学・桜美林大学)、広大の
大教センターで助手としてお仕えした頃から色々な意味で影響を受けた喜
多村和之先生 (広島大学・国立教育政策研究所) です。こういう先生方、それか
ら今申し上げたような年上の先生方だけではなく同年輩やもっと若い人達も、
私にはないような能力や特色を持っている方がたくさんいらっしゃって、そ
ういうところから学ぶことはすごく多いです。すべて我が師と思ったのは誇
張ではなく本当にそう思っています。

(2) 比較教育学者とは

　他国で成果をあげているある制度を借用したらよいのではないかという、
木に竹を接ぐようなことが起こり、しかしわが国では同じようにはうまくい
かないということが往々にして見られるように思っています。ゆえに比較教
育学者は、日頃から研究対象とする国の教育分野だけではなく、もっとその
国全体を捉えることが大切だと思います。かつて今井重孝先生 (青山学院大学)

がおっしゃった、ホリスティックに研究するという考え方が私は非常に心に残っています。同じ報告書を書くにしても単なる借用的な観点ではなく哲学的、原理的な考察、ホリスティックな考察を伴うものであるべきだと思っています。

　比較教育学者とは何か…。研究と言いながらやはりあんまり…まめまめしいというか、実践の役に立つ教授学や、行政学等になぜ取り組まなかったかということにも関わっていますが、比較教育にはある種の趣味、遊びの側面があると思っています。実用的でなくともよいような、外国教育研究に遊べる、そういうのが比較教育学者かな、と思っています。

5　おわりに

　大塚先生は、様々な先生方から比較教育学の講義を受けたことがきっかけで、同分野に興味を抱き、当時の社会状況や日本人の思想的基盤との関連から、中国の研究に取り組まれるようになりました。当時まだ現地へ行くことが簡単ではなかった時代に、何とか現地渡航が実現した際には、大変感動し、その後の度重なる渡航と比べても印象深いものであったということを、具体的なエピソードを交えて語ってくださいました。

　大塚先生の学生時代におけるフィールドワークのお話では、資料を閲覧するにあたっての厳しい制限や、地域ごとの方言の違いによる聞き取り調査の苦労などがあったこと、それらをどのようにして乗り越えられたかが語られました。こうしたご経験を踏まえ、フィールドワークにあたっては、良い質問を考えることや、フィールドに入る前に得た情報を一度脇に置き、フィールドそのものから得られるものに集中することや、自然な良い人間関係を築くことが重要であるというアドバイスをいただきました。

　また、大塚先生は、大きな影響を受けたとされる3名の先生方をはじめ、様々な先生方から学びを得ていること、すなわち「我以外皆我師」であると語られました。最後の質問からは、比較教育学者として教育分野だけでなく研究対象国を全体的に捉えることが重要であること、比較教育学には「遊び」

の側面があることから、外国教育研究に遊べるのが比較教育学者であるというお考えをお聞きしました。

　今回のインタビューでは、以前の論考「方法としてのフィールド」で語られていた、まずはフィールドで見聞きし、感じたものに最大限の重点を置く、という大塚先生のフィールドに対する真摯な姿勢や、フィールドにおける情報収集への熱意が強く感じられました。これは、大塚先生が経験されたフィールドワークにおける苦労や喜び、そして様々な先生方からの学びに裏打ちされたものであると考えます。また「外国教育研究に遊べるのが比較教育学者」という言葉からは、ディシプリンにこだわることなく自由にものを見たり語ったりできる余裕があること。さらにそれを超えて、ホイジンガの「ホモ・ルーデンス（遊ぶ人）」を想起させられるものでした。インタビューで大塚先生からいただいた数々のメッセージを心に留め、聞き手自身も研究を進めていきたいと思います。

関連文献

　①大塚豊 (2005)「方法としてのフィールド―比較教育学の方法論検討の一視点―」
　　『比較教育学研究』第 31 号、253-263 頁。

延安自然科学院の旧地を訪ね村の古老と話した 30 代半ばの頃（1986 年、陝西省延安にて）

中国甘粛省での大学院生を引率してのフィールドワークの一コマ（2001 年 9 月）

大塚豊先生のライフストーリー・チャート

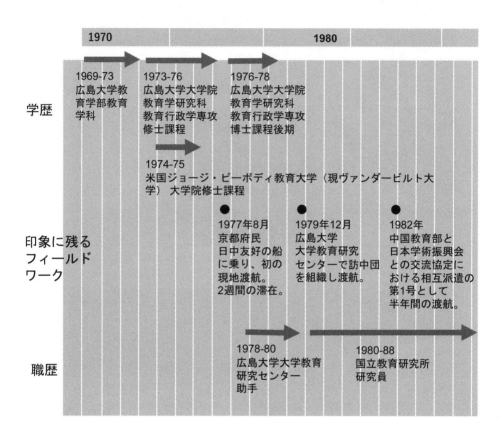

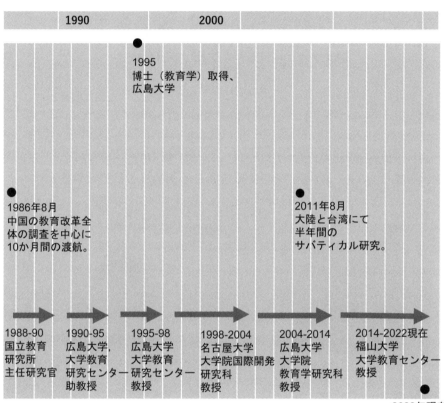

1990　2000

1995
博士（教育学）取得、
広島大学

1986年8月
中国の教育改革全
体の調査を中心に
10か月間の渡航。

2011年8月
大陸と台湾にて
半年間の
サバティカル研究。

1988-90
国立教育
研究所
主任研究官

1990-95
広島大学,
大学教育
研究センター
助教授

1995-98
広島大学
大学教育
研究センター
教授

1998-2004
名古屋大学
大学院国際開発
研究科
教授

2004-2014
広島大学
大学院
教育学研究科
教授

2014-2022現在
福山大学
大学教育センター
教授

2022年現在
福山大学学長

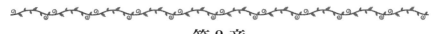

第2章
杉村美紀先生に聞く
「与えられた環境の柔軟な活用」
──周囲に支えられながら笑顔で駆け抜ける──

（インタビュー実施日：2022年5月16日）

朝倉隆道

たまたま自分はここで生まれ、今はこういうことをさせて
もらっているから、そこでできること、やれることをやる
のがいいのかなと思います。

語り手　**杉村美紀先生**　　　　　　　聞き手　**朝倉隆道**

概　要

　日本比較教育学会には、さまざまな研究のフィールドやテーマを掲げられる先
生方がいらっしゃいます。その中でも、杉村美紀先生（上智大学）は、マレーシ
アを軸に広くアジアをフィールドとし、幅広いテーマに挑戦されています。そ
んな杉村先生から、大学院生や初期キャリア段階の研究者が、研究を進め、キャ
リアを歩む上での助言やヒントを学びます。そして、研究テーマを広げる中で、
比較教育学の特徴をどのように捉えていられるか伺います。

　インタビューでは、どのような環境であっても、手を抜かず、環境と自身の
研究のこだわりを結びつける力強いお姿に触れることができました。杉村先生
は「自分に与えられた環境を活かして研究テーマを見つけることが大切です」と

折に触れて仰っていましたが、それはご自身の研究フィールドやテーマとの出会いに基づくものであったことを知ることができました。

また、「応援してくれる人がいるから、こういう仕事ができているのだと思います」と仰っていました。周囲の人々を〈笑顔〉で巻き込み、自分が望んで始めたことだから辞められないという状況に自らを置かれているように感じました。結婚や子育て、仕事の両立について、「自分はうまくできてきたとは思いません」とおっしゃりながらも、その時々でご自身のおかれた状況を受け止め、周囲の支援に助けられながら活動を続けてきた姿がみられました。

グローバリゼーションが叫ばれながらも、国民国家という枠組みを意識せざるをえない国際情勢が続いています。各自の立場の違いを前提とした交流が行われることを、杉村先生は「国際」という言葉に託されます。そして、フィールドのコンテクストを重視し、必ずしも同じことが他国には当てはまらないと考える日本の比較教育学の特徴が、今後の国際交流を担う人材の育成に貢献できると考えられています。

1　はじめに

2022年現在、日本比較教育学会会長を務められている杉村美紀先生（上智大学）は、元々マレーシアを、そして現在は広くアジアをフィールドに、国際教育学、持続可能な開発のための教育（ESD）、比較教育方法論、高等教育、多文化教育、トランスナショナル教育、教育文化交流、留学政策、国際移動をキーワードに、幅広い研究に取り組んでいらっしゃいます。そんな杉村先生から、フィールドやテーマの広げ方、それを支えたキャリア形成や家族との関係、そして比較教育学についての考えを伺います。

本章の聞き手である朝倉隆道（広島大学）は、杉村先生の国際教育学ゼミ（学部）出身で、卒業後は、国際教育協力とビジネスの関係に対する研究を目指して一橋大学大学院に進学しました。学生として触れてきた杉村先生の指導方針やお人柄を踏まえながら、大学院生や初期キャリア段階の研究者が、研究を進め、キャリアを歩む上での助言やヒントを、杉村美紀先生のライフストーリーから学びます。

2　研究のフィールドやテーマとの出会い

> Q：どのようにご自身の研究のフィールドに出会い、テーマを深めて
> こられたのでしょうか。また、どのように研究のフィールドやテー
> マを広げられたのでしょうか。

(1) 研究テーマとの偶然の出会い

　まず、マレーシアを研究のフィールドとして選んだのは、学部時代の偶然
の出会いからでした。お茶の水女子大学1年次に、一般教養科目として、平
野健一郎先生(現在、東京大学名誉教授・早稲田大学名誉教授)の国際関係論を履
修しました。そこで、当時、課題となっていた異文化摩擦といった国際交流
の話を聞き、その分野がすごく面白いなと思いました。そして、図書館で言
語政策と文化、教育の交錯する状況を描いた論文を読み、それがマレーシア
を事例にしていたことから、マレーシアに興味を持ちました。

　その後、これも偶然ですが、東京大学の大学院に進学し、同じ研究室出身
の先生からディアスポラに関る研究プロジェクトに誘われたことがきっかけ
となり、華僑・華人という研究対象に出会いました。プロジェクトの資料
集めのため台湾(台北)を訪問し、国立台湾大学の学食で友人と食事をしてい
た際、偶然、マレーシアから来ていた華人留学生に出会い、私の研究の話を
しました。すると、その留学生は、自身が「華文独立中学(華人が華語を用い、
政府からの補助を受けずに運営する私立中等学校)」出身で、マレーシアでの大学
進学が制度的に難しい中、奨学金を得て台湾に来ていると語ってくれ、「華
文独立中学」60校の概要をまとめた資料をくれました。この会話が、日本の
中華学校で耳にした、民族の伝統や文化を残そうと奮闘する先生たちの状況
とつながりました。単なる学校の事例にとどまらず、国民教育制度の枠だけ
ではおさまらない教育のあり方を示唆している課題ではないかと思い、博士
論文の分析対象、研究テーマとして設定しました(博士論文をもとに、関連文
献①を出版されています)。

(2) 進みながら広がる研究テーマ

　博士論文の執筆時は、設定した研究テーマに集中しました。父親から「博

士論文はいつになったら終わるんだ」と言われていたことや、結婚や子ども
を出産するタイミングが博士論文執筆と重なり、その後の就職のことなどは
二の次で、とにかく書き上げたいという状況でした。

　その後、就職した上智大学で「国際教育学」の講義を担当することになり
ました。「国際教育学」は、これまで自身が講義を受けたことはなかったため、
厚かましいとは思ったのですが、お引き受けすることとしました。授業では、
自分の専門に加え、学生の関心をふまえ、国際教育の歴史、国際理解教育や
開発教育、ユネスコなどの国際機関の動き、国際交流、国際協力、多文化教
育などを取り上げ、学生の興味を引きつけるよう工夫しました。

　また、就職して数年後には黒田一雄先生（現在、早稲田大学）から、東アジ
ア共同体の形成をテーマとした学際的なプロジェクトにお声がけいただき、
他分野の研究者と関わりながら研究する機会を得ました。同じ頃、マレーシ
ア華人が華文独立中学卒業後の進路に留学が多いことや、大きく変化しつつ
あったマレーシアの高等教育政策に着想を得て、留学生をテーマにするモビ
リティの研究を始めました。また、マレーシアでも1990年代から高等教育
の民営化や多様化を背景に、イギリスやオーストラリアなどの海外分校の設
立などトランスナショナルな動きが活発化しており、それを研究会で報告す
ると、面白いのでもっと調べてみましょうということになりました（関連文
献②及び③参照）。

3　環境を活かしたキャリア形成

　　Q：キャリアとライフイベントは、どのように両立されているのでしょ
　　　　うか。また、キャリアのなかでも、研究と公務はどのように両立
　　　　されてきたのでしょうか。

(1) 結婚、子育て時と研究・仕事への取り組み

　1992年に大学院を満期退学してから、外務省在連合王国日本国大使館に
専門調査員として採用され、それがきっかけで結婚と子どもに恵まれました。
パートナーは外務省勤務ということもあって、日本に帰国後もいつ海外に行

くかわからないという状況になり、箕浦康子先生（現在、お茶の水女子大学名誉教授）のご指導のもと、とにかく残っていた博士論文の執筆に専念しました。博士論文を書き上げた後は、子どもを連れてパートナーの赴任地であるベトナム（ハノイ）や中国（北京）に行きました。そんな折、現勤務校の上智大学の公募についてお声がけいただき応募することにしました。研究者として就職できるとは思っていなかったですし、結婚や子育て、研究を、その時々でやれるようにしかできなかったというのが率直なところです。しかし、周りの多くの人々に助けられて、細く長くですが、続けてくることができました。

　北京にいた際は、これもたまたま北京師範大学の先生にネットワークを結んでもらい北京日本人学校を訪問したりしました。今でも北京の大学の先生たちとは学術交流を継続しています。また、上智大学に就職後、夏休みを利用してパートナーの赴任地であったスリランカやネパールを訪れたことは、南アジアを知るきっかけとなりました（例えば、関連文献④では、ネパールを事例に人間の安全保障と教育について論じています）。このため、パートナーからは、「僕は誰のために仕事しているのかわからない」とよく言われます（笑）。

　実は、娘にも助けられています。パートナーの赴任に合わせてベトナムに行った際、子どもがインターナショナルスクールに通ったことで、保護者として学校の様子を見聞きする機会を得ました。よく大学の講義で話すのですが、ある日、まだその学校に編入して間がないころ、娘は、同じクラスにいた北朝鮮のお子さんから「お前の国は嫌いだ」と言われたそうです。ベトナムは北朝鮮と外交関係があり、そのクラスでは韓国のお子さんと北朝鮮のお子さんが机を並べていました。そうしたなかで、なんだかんだ宿題を教え合ったりして、最後には、「仲良くしてくれてありがとう」と言われる経験も親子でしました。政治や経済も大事ですが、人と人をつなげる国際教育のあり方を模索したいという思いを新たにした思い出の一コマです。娘は今、国際関係論の研究をする道を選んでいますが、感慨深いものがあります。

　就職後のワークとライフのバランスが取れたのは、メンターとして先輩女性教員の存在と気遣いが大きかったですね。就職した教育学科には、湯川嘉津美先生（現在、上智大学）がおられ、会議等で夜遅くなるような時にはフォ

ローして下さり、多くのサポートをしていただきました。また子育てについても折に触れて相談にのっていただきました。大学教員は時間の柔軟性が高いところは有り難い点だと思っています。自分の状況を無理に変えることはなく、オープンにし、周囲の方々にも支えられながら進んできました。パートナーが海外赴任している時には、ゼミ合宿の際に、子どもが家で一人になってしまうため、子どもを合宿に連れて行き、学生と交流してもらったことも楽しい思い出です。

(2) 研究と公務の相乗効果（シナジー）

　上智大学の学術交流や国際交流を担当する副学長に、専門性が近いということで学長よりお声がけいただき、2014年から7年間務めました。このように長い期間、役職を務めることができたのは、学科の先生方や事務の方にご理解やご支援をいただいたおかげです。また高齢ながら自分で生活し頑張ってくれている母、家族の支えがあってこそです。自分の研究だけではなく、副学長としての職責上、海外出張の機会も多くなりました。時には、ヨーロッパから北米と南米を回り日本に戻るというように地球を一周してくることもありました。そして、各地で出会った研究者の方々から共同研究の誘いを受けることもありました。今も繋がりを継続している研究者もおり、貴重な機会をちょうだいしたことに感謝しています。一方で、大学行政や、留学する学生の危機管理といった研究とは異なる大変な仕事もありました。たとえば、危険地域に行きたいとする学生の説得や、新型コロナウイルス感染症(COVID-19)によって留学を諦めざるを得なかった学生のケアなど、責任が伴い、また時間をかけ根気強い対応が求められることも貴重な勉強の機会でした。

4　比較教育学と国際教育学

　Q：「国際」という言葉を大切にご研究される先生にとって、比較教育学者とは、どういうものでしょうか。

　日本の比較教育学には、フィールドの中から研究のキーワードを見出して

いくことを大切にしてきた特徴があると思います。特定の国を単位とした、地域研究を土台にしてきた傾向があり、私自身もマレーシアを対象にしてきました。米国比較・国際教育学会（CIES）に出席すると、初対面の際に、それぞれの研究テーマの紹介から始まりますが、日本では、まずどこの国の教育を取り上げているのかから始まりますね。もちろん日本でも、今は、国家ではなく、たとえば、村落のようなミクロな単位での分析や、国を超えたマクロなユニットを対象とした研究も取り組まれています。縦（ミクロ―マクロの関係）と横（各国間の繋がり）を意識し、多面的・多角的に俯瞰しながら紡ぎ出していくのが、比較教育学なのではないでしょうか（関連文献⑤参照）。

　私が「国際」にこだわるのは、グローバルな動き、グローバル市民の育成、国際理解教育など、共通的なものが語られながらも、やはり国民国家（ネイション・ステイト）の枠は外せないと思うからです。EUのように国を超えた共同体ができても、各国の政策や社会文化的背景の違いがあります。それは、UNESCOなどの会議に出席していても強く感じます。そうした点から、国際教育を重視する必要があると思っています。

　EUでは学生の流動化の促進を目指す「エラスムス計画」やその後継事業のもと、高等教育を統合しようとする動きもあります。一方で、私はASEANの人々がよく用いる「ハーモナイゼーション」という言葉が好きです。アジアでは、統一して一つにするのではなく、色々な考え方があって、誰かが折り合いをつけていくことが重要だという考え方があります。もちろん、教育の国際連携を進める場合、単位互換制度や学年暦の違い、教授言語など、様々な調整をしていかないといけないし、ASEANが必ずしも上手くいっているとは言えません。夢ばかりで現実は？と言われるかもしれませんが、自身の立場だけでなく、相手の立場を踏まえ、折り合いをつけるさじ加減、相互のバランスを考えることが大切だと思っています。その際、比較教育学で培われる多面的・多角的な分析視角というものは、その調整役を育成することに適しているのではないかと私は考えています（こうした国民国家に関する問題意識として関連文献⑥及び⑦参照）。

5　おわりに

　インタビューでは、比較教育、国際教育を模索する杉村先生の力強い姿に触れることができました。どのような環境であっても、手を抜かず、自分の研究のこだわりになんとか環境を結びつけることを考えられてきたのだと改めて感じました。また、研究や仕事、生活とのつながりは、自分でしか見いだせないのであり、自分が「面白い」と思える気づきを大切に、与えられた環境と自分ができることの双方を意識しながら研究を続けられてきたのだと感じます。

　聞き手自身は働きながら博士論文を執筆しましたが、問題意識を持ち続けることに苦労しました。杉村先生は「応援してくれる人がいるから、こういう仕事ができているのだと思います」とおっしゃっていましたが、周囲の人々を〈笑顔〉で巻き込み、自分から始めたのだから簡単には辞められないという状況に自らを置いていられるように感じました。また、ご自身の状況を必要に応じてオープンにすることで、時には「こういう状況だから、こうしたい」という明確な意思表示を行い、周囲の支援を受けてきた姿を垣間見ることができました。

　グローバリゼーションが叫ばれながらも、ニュースではナショナリズムに係るニュースが発信され、国民国家という枠組みを意識せざるをえない国際情勢が続いています。それぞれの違いを統一し、均質化を目指すのではなく、各自の立場の違いを前提とした交流が行われることを、杉村先生は「国際」という言葉に託されています。そして、フィールドのコンテクストを重視し、必ずしも同じことが他国には当てはまらないと考える日本の比較教育学の特徴が、今後の国際交流に係る政策や組織、個人と様々なレベルで調整を担う人材の育成に貢献できるのだと感じました。

　大学卒業後もお世話になってきた聞き手ですが、杉村先生のお名前を聞くと、いつも笑顔の先生を思い出します。笑顔で周囲を惹きつけ、支えられながら、駆け抜けていくそのバイタリティから引き続き学びたいと、改めて思いました。

　末筆ながら、本インタビューでは、乾美紀先生（現在、兵庫県立大学）に同席をいただき、筆者の力の及ばない大学マネジメントの視点からインタビューのサポートをいただきました。御礼申し上げます。

関連文献

①杉村美紀（2000）『マレーシアの教育政策とマイノリティ―国民統合のなかの華人学校』東京大学出版会。

②杉村美紀（2008）「アジアにおける留学生政策と留学生移動」『アジア研究』54（4）アジア政経学会、10-25頁。

③杉村美紀（2012）「マレーシア―国際学生移動のトランジット・ポイント」北村友人・杉村美紀編『激動するアジアの大学改革―グローバル人材を育成するために』上智大学出版。

④杉村美紀（2017）「教育からみた人間の安全保障と平和構築―ネパールにおけるインクルーシブ／特別支援教育が問いかけるもの―」東大作編『人間の安全保障と平和構築』日本評論社、140-156頁。

⑤杉村美紀（2011）「日本における比較教育研究の方法論をめぐる論議」杉村美紀・大和洋子・前田美子・阿古智子編『比較教育研究―何をどう比較するか』上智大学出版、259-292頁。

⑥杉村美紀編（2017）『移動する人々と国民国家―ポスト・グローバル化時代における市民社会の変容』明石書店。

⑦杉村美紀（2021）「言語教育政策をめぐるマジョリティとマイノリティ―多民族社会マレーシアの英語教育政策の事例」坂本光代編『多様性を再考する―マジョリティに向けた多文化教育』上智大学出版、34-54頁。

ゼミ合宿で熱弁を振るう笑顔の杉村先生

卒業式でゼミ生と（語り手は前列左から2人目、聞き手は後列右から2人目）

杉村美紀先生のライフストーリー・チャート

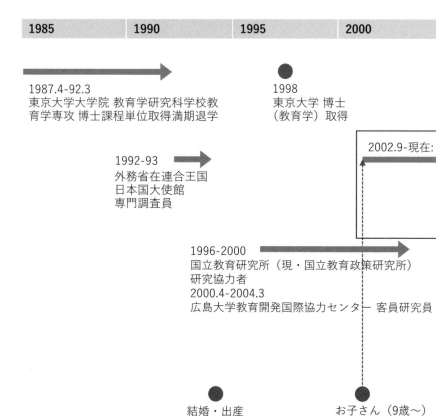

1985	1990	1995	2000

教育歴

1987.4-92.3
東京大学大学院 教育学研究科学校教
育学専攻 博士課程単位取得満期退学

1998
東京大学 博士
（教育学）取得

アカデミア／実務

2002.9-現在:

1992-93
外務省在連合王国
日本国大使館
専門調査員

1996-2000
国立教育研究所（現・国立教育政策研究所）
研究協力者
2000.4-2004.3
広島大学教育開発国際協力センター 客員研究員

ライフイベント

結婚・出産

お子さん（9歳〜）

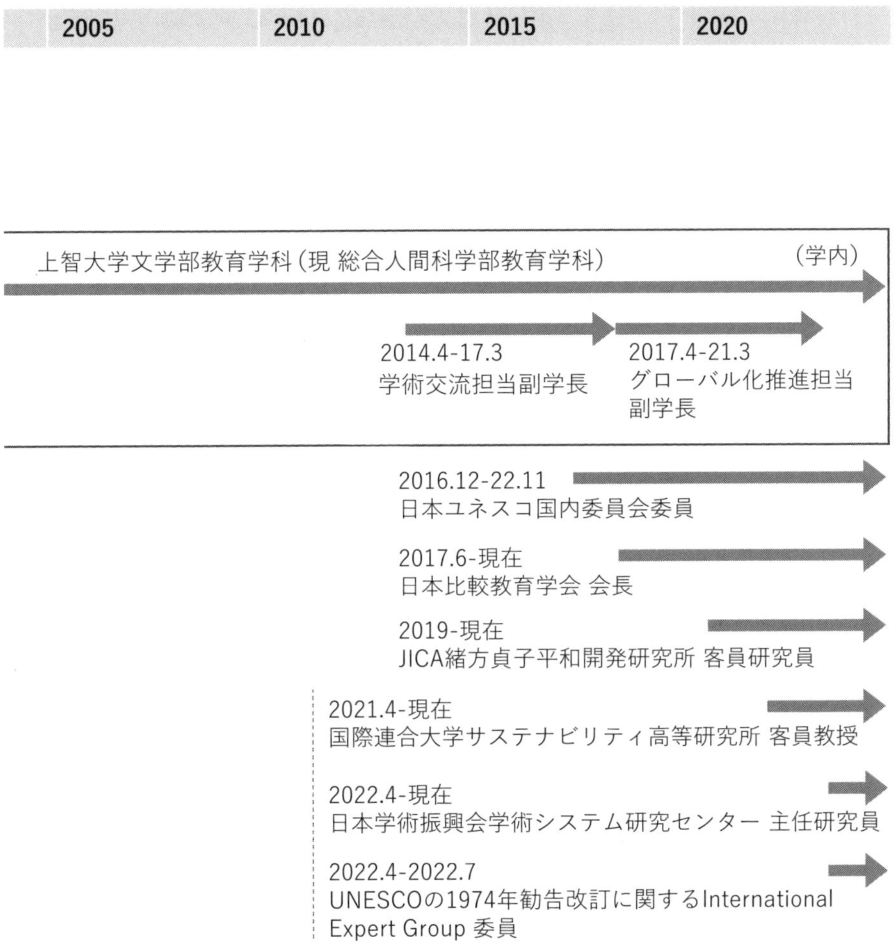

2005	2010	2015	2020

上智大学文学部教育学科（現 総合人間科学部教育学科）　　　　　　　（学内）

2014.4-17.3
学術交流担当副学長

2017.4-21.3
グローバル化推進担当
副学長

2016.12-22.11
日本ユネスコ国内委員会委員

2017.6-現在
日本比較教育学会 会長

2019-現在
JICA緒方貞子平和開発研究所 客員研究員

2021.4-現在
国際連合大学サステナビリティ高等研究所 客員教授

2022.4-現在
日本学術振興会学術システム研究センター 主任研究員

2022.4-2022.7
UNESCOの1974年勧告改訂に関するInternational
Expert Group 委員

第3章
吉田和浩先生に聞く「政策と現場をつなぐ実践的研究」
──「徹底的に聴く」から始める──

（インタビュー実施日：2022 年 6 月 26 日）

吉野華恵

トップ−トップでもボトム−ボトムでも
政策はうまくいかない。

語り手　**吉田和浩先生**

聞き手　**吉野華恵**

概　要

　アカデミアに残って研究者になるか、それとも実務家になるか。実務家といっても、国際援助機関のようなマクロな立ち位置で働きたいか、現地の人に近いミクロな立ち位置で働きたいか。国際協力を志す大学院生や若手研究者にとって、キャリア選択は常に悩みの種です。自分は何をしたいか、自分に何ができるか、そもそも今書いている論文に意味があるのか、現地の人のためになるのだろうか…。そんなとりとめもないことが頭の中をぐるぐる巡っては思い悩んでため息をつく、という日々を過ごしている人も多いのではないでしょうか。若手にとって、研究者として数々のインパクトある論文を発信し、世界銀行やユネスコなどの大きな舞台で実務家としても活躍されてきた広島大学の吉田和浩先生の生き方は、とても眩しく映ります。吉田先生はこれまでどのようなことを大切にしてこられたのでしょうか。本章では、吉田先生の国際教育協力との出会い、世界銀行

でのお仕事と研究者としてのお仕事を通して培ってこられた視点、SDG-Education 2030 ステアリング・コミッティでの共同議長としてマネジメントで留意されていること、若手へのメッセージを語っていただきました。語りからうかがえたことは、吉田先生が「徹底的に聴く」スタンスを大切にされてきたことです。先生はご自身のことを、政策と現場のズレがどこでなぜ生じているか、政策によって実際に子どもたちがどうなっていくかを見ようとする「実践的研究者」であると語っています。「トップートップでもボトムーボトムでも政策はうまくいかない」という言葉は、力強いメッセージとなって国際協力に携わる者に省察を迫ってくるようです。

1　はじめに

　日本比較教育学会第 58 回大会の最終日の夜、若手研究者交流会（オンライン開催）は、ユネスコパリで開かれる「Transforming Education Pre-Summit」に参加するため、広島から羽田空港に到着されたばかりの吉田和浩先生をつかまえて、約 15 名の大学院生・若手研究者のみなさんと共に「吉田先生を囲む会」を開きました。吉田先生はコンサルタントや世界銀行（以下、世銀）といった実践的な場でのご経験を豊富にお持ちです。また、2019 年からは、持続可能な開発目標（SDG）の目標 4 に対応して設定された「教育 2030」行動枠組の実現に向け、各国およびパートナー機関を取りまとめる運営委員会（SDG-Education 2030 ステアリング・コミッティ）の共同議長を務めてこられました。実践とアカデミアの往還によって、独特の視点を吉田先生が勝ち取られているのではないか、また、ステアリング・コミッティでは各国の代表が集い非常に難しい舵取りを迫られる中、どのようなことに留意してマネジメントされているかなど、現場でのリアルなお話をうかがってみたいと思っていました。

　聞き手は、ユネスコが毎年発行しているグローバル・エデュケーション・モニタリング・レポート（GEM レポート）の 2020 年版「インクルージョンと教育」の翻訳作業で、初めて吉田先生と一緒にお仕事をさせていただきました。ちょうど新型コロナウイルス感染症（COVID-19）が広がり始めた頃のことで、やり取りはもっぱら電子メールを通して行われました。したがって、吉田先生の人ととなりは文面あるいはオンラインを通してしか知り得ませんでした。

どんな方なのだろう、どのような切り出し方をすれば語ってもらえるのだろう、叱られたり質問返しをされたりしないだろうかと、聞き手は内心ドキドキしながら「囲む会」のファシリテーターを務めることになりました。

2　国際教育協力との出会い

Q：なぜ国際教育協力の道に進むことになったのですか。昔はけっこうやんちゃだったともお聞きしましたが

(1) 素行不良少年だった中学時代

　私が不良なのは今もそうなのですが、中学時代は職員会議の話題のネタに毎回事欠かないような活躍ぶりでした。その転機となったのは、高松宮杯全日本中学校英語弁論大会 (現・高円宮杯) への参加です。当時、各中学校2名の枠があり、1人は非常に優秀だからということで選ばれたのですが、私は罰ゲームとして選ばれました。英語の先生から「弁論大会に出ろ。そのためには毎日学校に来て勉強しろ」と言われ、夏休みの間ずっと登校して真面目に勉強しました。結果、長野県で5位に入賞しました。「あのひでえやつが5位になった」ということで、学校中の話題になりました。人間、何が転機になるかわからないですよね。以降、職員会議のネタが一気に変わりました。それで気を良くして、中学・高校時代はひたすらラジオ英会話を聴き、一生懸命勉強するようになりました。将来は英語を活かして仕事をしたいと思い、大学は外国語学部に進学し、卒業後は商社に入社しました (略歴は章末を参照)。

(2)「めちゃくちゃな経歴」が生きる

　商社入社後は、インド、スリランカ、イラクと、あちこちの発電所建設現場に行く機会を得ました。それが途上国との最初の出会いです。商社は当然ながら利潤目的で仕事をしているのですが、総合建設コンサルタントの方と関わった時に、相手国や現地の人のために仕事をされている姿を見て、意識が大きく異なることに驚きました。現地の人の目線で考え、共に作り上げるとはどういうことなのだろうか、開発学についてもっと学びたいと思い、海外コンサルティング企業協会の研究員をした後、イギリスの大学院に進学し

ました。また、在学中に世銀のヤング・プロフェッショナルに応募したところ、なぜかとんとん拍子にいって採用されました。なぜこんな経歴の者が採用されたか、今もってよくわかりません。ただ、私の履歴書は所定の様式に収まらないぐらいあちこち出たり入ったりしているのですが、世銀での最初の配属先がインドのエネルギー課だったところから逆算すると、めちゃくちゃな経歴というのは見る人が見ればアピーリングなものとして映るのだろうと思います。子どもの時はどうにもならないやつでしたが、何か一つに秀でてそれを頼りにしがみつきながらなんかやっていたら、あちこちから自分にとって非常にありがたいようなエサが垂れてきた。それをパクパク食べていたらどんどん自分なりのストーリーができあがってきた、という感じです。

(3)「一流の人々」に囲まれた環境で過ごす

　世代的に幸運だったと思うのは、その道の一流の方々から直接話を聞けたことです。たとえば、私が学んでいた当時、サセックス大学大学院にはハンス・シンガー教授がいました。ケインズの弟子で、南北の貿易の力関係の不均衡によって貧困国が生まれていることに着目した学者です。もう1人、農村の貧困について研究しているマイケル・リプトン教授もいました。この2人はそれぞれに超一流の経済学者なのですが、そういう2人がランチタイムセミナーでアカデミックな喧嘩をするのです。立ち位置が全然違うので議論は噛み合わないのですが、お互い全然譲りません。他にも、参加型開発の生みの親、ロバート・チェンバース教授もいました。そういう第一人者の声をそのまま聴けたというのはとても幸せなことでした。

　世銀でも、教育分野の戦略や政策の立て方やプロジェクトの作り方について、第一級のファースト・ジェネレーションの方々から直接教えてもらいました。「朱に交われば赤くなる」—どんな人間でも、天才の周りにいればなんとなくそれらしいことを真似するぐらいの経験はさせてもらえるものです。グローバルな場で何が大事にされてアジェンダが設定されるか、国レベルで政策がどのように作られているか、それがどのように実践されているか／いないかを、これまでの人生でひと通り見ることができたというのはとても貴重な経験でした。あちこち「どさ回り」をしてきたからこそ、そういうことが楽しく思えるし、ロー

カルの現実を愛情に満ちて見ることができるようになったという思いがします。

3　世界銀行での仕事×研究者としての仕事

　　Q：世界銀行というマクロな立ち位置からお仕事をする中で、どのよ
　　　　うなことが印象に残っていますか

(1) 関心は最終的に子どもたちがどうなっていくか

　国際援助機関は援助する側からマクロ的に見ているかというとそうではなく、世銀の教育分野のスタッフなどは、自分たちの資金で建てた学校がちゃんと機能しているかを見にあちこちの村に行きます。本当にどこまででも行きます。1度こんなことがありました。世銀の資金で建てた学校のすぐ隣に、地元の予算で建てた別の校舎が建っていたのです。「どうして2つあるんだ」と聞くと、「いや、実は自力で建設中だったのだけれど、政府がもう1校建ててくれるっていうから作ってもらった」と。こんなふうに、現場レベルではとんでもない調整機能の無さが見られます。

　その後、研究者としてガーナやタンザニアの奥地に行きました。研究者といっても私などは非常に実践的な研究者で、研究しながらも国際教育協力をずっとやってきました。私の研究の主な着眼点は、政府主導の教育改革が現場レベルにどういうメッセージで伝わっていて、ねらい通り実践できているかということです。大抵の場合はできていません。どこでその重要なメッセージが途切れていて、どうして実際には実践されてないか。他方で、できている学校もある。できている学校とできていない学校はどこが違うか。そういう政策分析が中心です。しかし、教育ですから、関心はやはり、最終的に子どもたちがどうなっていくか、に尽きるわけです。

　だから、マクロ的な視点というのを持ってるだけではダメだし、ミクロ的な分析は有意義ではありますが政策を無視した実践はありません。政策と実践の一貫性が非常に重要になってくる。さらに言うと、政策というのはその国の政府が独力で作った政策であることは非常に少なく、ユネスコの唱える理念があり、それを基に世銀などの有力援助機関が問題をどう解釈しどう支援するかに

タンザニアの中学校にて（2019 年 9 月）

よって、政策の優先順位が決まるということが多くあります。当該国政府との
やり取りはあったとしても、結果として上から政策がどさっと下りてきてしま
う。そんなふうに、上から押し付けられるような形での援助が今も多く行われ
ています。そういう現実を変えたいという思いはどこかにありました。

(2) トップとボトムをつなぐ

　私は現場に行った時に、「いや、できていないじゃないか」とは言いません。
「今、あなた方の大事な課題って何ですか。それはどういう状況ですか」と
ひと通り全部聞いたうえで、「ところでこういう政策があるんですが、ご存
知ですか」と言う。その時の反応がおもしろいんですよね。つまり、自分た
ちの優先課題にちゃんと対応した政策になっていないとしたら、無理矢理そ
んなことをさせられる必要はないと現地の人は当然感じているわけです。だ
から私は、フィールドに行ったらフィールドの人になるということをしつつ、
その問題に対してどのようにアプローチするかを考えるところから始めます。
トップとボトムの往還というのは双方向的なもので、上から作られた政策が
下に伝わるという見方を往還とは言いません。日本の国際協力はボトムアッ

ミャンマーでのワークショップ（2013 年 10 月）

プではなくボトム－ボトムになっています。一方で、国際機関はトップダウ
ンをしようとしてトップ－トップになっている。だから政策はいつまでたっ
てもうまくいかない。そして、うまくいかないからまた次の政策に予算がつ
けられる。そうした悪循環を断ち切り、フィールドの優先課題に合致した政
策立案をするためにも、トップとボトムをつなぐことは非常に大切です。

4　SDG-Education 2030 ステアリング・コミッティでの共同議長の経験

> Q：国際会議での議論の舵取りはとても難しそうですが、どのような
> ことに留意されているのでしょうか。何がご自身を共同議長の座
> に導いたと感じておられますか

(1) 合意形成に至るまでの泥臭いプロセス

　ポスト 2015 年の教育アジェンダである「教育 2030」行動枠組の起草にあ
たって、2013 年から EFA（Education for All）ステアリング・コミッティが始動

しました。私は文部科学省と外務省から依頼を受けて、アジア・太平洋地域代表委員としてその委員会に参加すると同時に、共同副議長を務めることになりました。続けて、SDG-Education 2030 ステアリング・コミッティにおいても 2019 年から共同議長を務めました。なぜ私のような人間がそのような大役を務めることになったかというと、結局、上から下までものを見た経験があって、相手がどんな人であっても本音を隠さない人間ですから、ユネスコにも率直な意見を伝える、そんなところが強みに思われたのだと思います。きれいなことを言ってるから正しいとか、ユネスコの GEM レポートでこう言ってるから正しいということではありません。事実と違うものは違うのだから、それを具体的に示すと、こんな若輩者でも非常に説得力を持つわけです。あとはいろんな人の意見を徹底的に聴くということ。大きな会議ではみんな言いたいことがいっぱいあります。それをひと通り喋ってもらうのです。

　しかし、そうした声をすべて採用すると、だんだんメインのメッセージが薄まっていって、本当に守りたいものも守りきれなくなります。だから、前もって、ここは絶対に譲らないというコアのメッセージを把握しておく。そうしてみなさんの意見を酌み取りつつ、コアのメッセージを最終成果物に入れ込む、ということをしてきました。普通にユネスコの文書を読むと、ユネスコが言っていることはいつも立派だと思うかもしれませんが、そこに至るプロセスは本当に泥臭くてですね、もう、バトルバトルバトルバトル…です。

(2) 気づいたエサは食べちゃえばいい

　自分が全部できるわけではないので、その時その時、その仕事をできる限りするしかありません。たとえば SDG4 を作っている時に、現場がどうなっているかを念頭に置かないで字面だけ追ってきれいな言葉を使って物事を決めることはしたくない。研究においても、その問題に直面している人たちの様子を真剣に考えざるを得ない。そうすると、「縦」がつながり「横」がどんどん拡がっていきます。私の場合は、政策レベルでトップにいる人たちに現場の様子をフィードバックして「あなたが思ってることと全然違いますよ」と話をします。私のような研究者は特にここしか見ないと特定のテーマを決めていない分、あちこち自由に動けるのが良いところです。私は日本政府の

ステアリング・コミッティの共同議長（ユネスコ事務局長補のステファニア・ジャニーニと、2019 年 3 月）

意見でもその通りに聞き取るということをしないのですが、それでも吉田に
いてほしいと思ってもらえているとすればありがたいことです。

　コロナ禍が続く中、大学院生や若手研究者のみなさんはいろいろとうまく
いかず、行き詰まりを経験してきたことと思います。「いや、吉田さんでさ
え大丈夫だったんだから」と思ってもらえると、いろいろなやり甲斐や楽し
み方も見つかってくるかもしれません。エサは本当は何十個もぶら下がって
いるかもしれませんが、目に見えるものはそんなにいくつもありません。つ
まり、自分が何かを考えてやっていれば、エサはぶら下がっているというこ
とに気づくということです。気づいたら食べちゃえばいい。気づかないエサ
もたくさんあるわけですから、それが見えたということは自分にとって縁の
ある話だということだと思います。そこで悩むよりは食べてから悩んだ方が
いい。食べないと味がわかりませんから。

5　おわりに

　「忖度しない自由人」というのが、「囲む会」を終えて感じた吉田先生の率
直な印象です。同時に、羽田空港の雑踏の中で画面の向こう側にいる質問者
の意図をうまく捉え適切に回答するという、吉田先生のバランス感覚の良さ

や聞き手に対する優しさも感じました。聞き手だけでなくおそらく参加者にとっても心に残ったのは、「トップ−トップでもボトム−ボトムでも政策はうまくいかない」というメッセージではないでしょうか。トップ−トップでは現場レベルが置き去りにされてしまうし、ボトム−ボトムではシステムや構造自体を変革することにはつながらない。トップとボトムをつなぐ視点は、吉田先生が「めちゃくちゃな経歴」を経てこられたからこそ獲得されたものかもしれません。相手の声に耳を澄ますこと、その思いを聴くこと、しかも徹底的に聴くこと—それが吉田先生の実践的研究手法であり、研究マインドをもった国際教育協力の実践者として大切にされてきた姿勢であることを知りました。その手法・姿勢は、比較教育学者にとってとても大切なことなのだろうと思います。吉田先生の語りの中に「エサ」という言葉が随所に出てきました。すべての経験は私たちにとって養分となる「エサ」であり、あれかこれか（研究者か実務家か、マクロかミクロか）と悩むよりも、興味の赴くままにやってごらん、と背中を押されたような気がします。

　本稿執筆当時、聞き手はマラウイ共和国でフィールド調査をしていました。大学生や先生方にインタビューする中で、時にうまく話を引き出せず、インタビュー後に落ち込むこともしばしばでした。そんな時、ふと頭に浮かんだのは、インビジブル・カレッジ・セミナーの一つ一つのインタビューでした。聞き手がどのような姿勢で問いを投げかけていたか、講評の先生方がどのようなアドバイスをされていたかを反芻つつ、共通項として思い浮かんだのは「好奇心」です。語り手に対する飽くなき好奇心—語り手がどのようなバックグラウンドをもち、どのような経験をしてきたか、そのことがその人物のものの見方にどのように作用しているかへの「わかりたい欲求」—が、聞き手の言葉や目や雰囲気から醸し出され、語り手からの豊かな語りを引き出すことができるのではないか、と今は考えています。

関連文献

吉田和浩 (2016) EFA ステアリング・コミティーの活動からみた「教育 2030」『国際教育協力論集』19 (1)、1-15 頁。

吉田和浩先生のライフストーリー・チャート

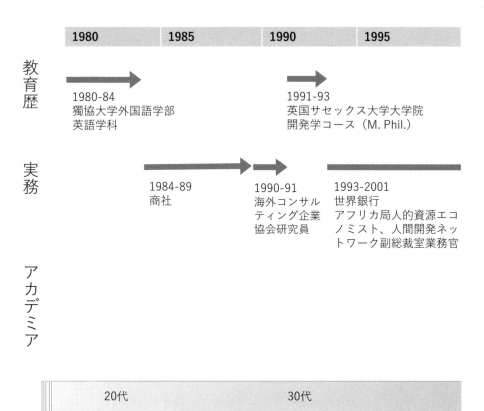

2000	2005	2010	2015	2020

2001-06
国際協力銀行
開発セクター部社会
開発班課長・参事役

2013-15
EFAステアリ
ング・コ
ミッティ
共同副議長

2016-20
SDG- Education 2030 ス
テアリング・コミッティ
16年〜共同副議長、19年
〜共同議長

2006-22年現在
広島大学
教育開発国際協力研究センター
06年〜助教授、07年〜教授、13年〜センター長

40代　　　　　　　　　　　50代

コラム
国際教育開発／協力分野で活躍する芦田明美先生
──研究と実務を繋ぐ実証的・学際的な研究に取り組む──

（インタビュー実施日：2022 年 6 月 26 日）

橋本拓夢

アカデミアにも所属をしながら、外での経験が積めたらいい。

語り手　**芦田明美先生**

聞き手　**橋本拓夢**

　日本比較教育学会第 58 回大会において、「オンライン若手研究者交流会」（若手ネットワーク委員会（Y-Net）主催）を実施しました。本コラムでは、交流会の柱の 1 つであった先生方を囲む会のうち、「芦田明美先生を囲む会」でのインタビュー内容と、そこから得られた示唆について紹介します。

　芦田先生は、神戸大学で博士号（学術）を取得後、ユネスコ（UNESCO）アジア太平洋地域教育局プログラムオフィサー、東京大学大学院教育学研究科特別研究員（学振 PD）、そして早稲田大学大学院アジア太平洋研究科講師を歴任され、現在は名古屋大学大学院国際開発研究科准教授を務めておられます。これまで、中南米のホンジュラスをフィールドに、同国の修学状況の変遷、その改善について国際的に発信してこられました。とりわけ、同一の研究対象を継続して追跡することで収集される縦断的データを用い、子どもの修学

状況の個々の実態を解明してこられました（関連文献①）。

　ご経歴から分かるように、芦田先生は、「国際機関における実務者」と「日本の大学における研究者」双方のご経験を持ち合わせておられます（関連文献①）。その意味で、国際教育開発／協力への関わり方を模索している若手にとって、学ぶところ大であると言えるでしょう。

　本コラムでは、芦田先生の語りの中から、私たち若手の個々の状況と照らし合わせて考えられるよう(1)国際教育開発／協力との出会い、(2)なぜ、英語で論文を執筆するのか、そして(3)アイデンティティの3点に絞ってご紹介します。

(1) 国際教育開発／協力との出会い

　学部時代を過ごした関西学院大学総合政策学部の3年時に、国連学生ボランティアとしてキルギス共和国へ半年ほど行きました。総合政策学部は英語教育に力が入れられていたのもあり、英語以外の第2外国語が必修ではありませんでした。そうした環境で学んでいたなかでの初めての非英語圏だったので、万能なツールと思っていた英語が全く通じなかったことに衝撃を受けました。また、言語を通して得られる世界の情報や教育機会の違いにも驚きました。生まれ育った環境や、そこでどんな教育を、どんな言語で受けたかによって、同じ時代に生きて育ったとしても、こんなにも見えてくるものや将来が違うのだと。こうした経験から、教育が個人を方向づける影響の大きさに強い魅力を感じ、教育に興味を持ちました。そこで、元々国際協力や国際的なフィールドで仕事をするということに興味があったこともあり、教育開発、国際教育協力が学べる大学院に行ってみたいと思うようになりました。

(2) なぜ、英語で論文を執筆するのか

　ひとつには、小川啓一先生（神戸大学）からの強い推奨がありました。小川先生の研究室に所属させていただいたのが、博士課程の途中からだったのもあり、修士論文は日本語で書きました。修士論文をジャーナル論文にする時には、英語にして国際学術誌に投稿していました。

　英語で論文を書く理由は、やはり自分が興味のあるフィールドは国際協力、外の世界だからです。私は日本の大学院でずっと勉強してきていて、博士課

程も日本なので、英語で仕事をする国際機関などに目を向けた時に、たとえば C.V.（履歴書）の内容が、海外の大学院修了者に比べると、英語という点では弱く見えてしまうと思います。国際機関など、日本の外での就職の機会を探す時には、英語で仕事ができることがまず条件になります。英語で論文を書いていて、その成果物として論文を提示できることは、英語を使えることの証明の一つになります。そのため、これまでも、そしてこれからも積極的に英語で論文を書いていきたいと思っています。

　もうひとつ大切なことは、研究成果を誰に読んでもらいたいか、どこに伝えたいかということです。私は關谷武司先生（関西学院大学）の科研費の研究プロジェクトに携わらせていただいたことが大きなきっかけで、これまでホンジュラスをフィールドとして調査研究に従事してきました。そのホンジュラスや、その他の国の教育に関する研究成果を発信するにあたっては、論文の読み手は国内の日本語話者よりも、海外の中南米を研究対象にしている人で、スペイン語、あるいは英語ができる人が圧倒的に多くなります。研究で明らかになったことを誰に論文の形で読んでもらいたいかを考えた時に、英語が最も読んでもらいやすい言語だと考えて、私は英語で論文を執筆してきました。

（3）アイデンティティ：スペシャリストか、ジェネラリストか、その両方か

　博士課程に入ってからアイデンティティのコアとしてあったのは、研究者になることでした。他方で、そのまま大学のポストに応募するのではなく、教育政策、国際協力の中でも教育協力といったさまざまなステイクホルダーが関わる場所で、よりマクロな視点を得るためには、研究者としての視点に加えて、国際機関のスタッフの立場、そこから見えるものも大切だと思っていました。大学、国際機関などの所属先、場所を変えることで、同じ事象でも見え方が変わってくると感じたことから、できるだけ多くの見方、見え方を経験してから、それを活かす形で研究職に就くことができると理想的だと思っていました。

　就活でもよく言われることですが、ジェネラリストになるか、スペシャリストになるか。国際機関のスタッフは、どちらを求められるかと言えば、プ

学校訪問を通した調査研究の様子（インドネシア、2019 年）

ロジェクトのマネジメント業務などが多いので、ジェネラリストになります
ね。ただ、私はジェネラリストよりはいずれはスペシャリストの立場に立ち
たいという思いがもともと強かったため、学位を取得して国際機関での経
験を積んだ後、今は大学の研究職のポストに就いています。できれば「二足
のわらじ」のような形でアカデミアにも所属をしながら、外での経験が積め
たらいいと、欲張りですけど思っていて、幸いなことにこれまでのキャリア
の中でもそういう機会をいただきました。二つ以上の顔を持つということは、
常に二倍以上のことをやらないといけないので、たしかに大変は大変でした
けど、そういう環境に身を投じて切磋琢磨することに努めてきました。
　芦田先生は、インタビューの最後に、ご自身の研究の展望を紹介されるな
かで以下のように述べられました。

　　自分は「比較教育学者」というような枠で自身を捉えてきたというよ
　　りは、自分の興味が、今どこの分類で、どの区分けの中に当てはまるか
　　考えて、学問的には比較教育学だなとか教育社会学だなとか、そういう

視点で捉えて調査研究を進めてきたところがあります。だから、特定の手法とか、分野に強いこだわりがあるわけではなく、研究課題を明らかにするにあたって最適な方法を用いて、学際的な研究、実証的な研究をしたいと思っています。現場に役立つ研究をしたいと思っていて、その点から実証的な研究っていうのをキーワードにやっていきたいなと。

　筆者は、この部分に国際教育開発／協力に携わる、芦田先生のスタンスを垣間見た気がしました。実は、芦田先生のご研究の一部を拝読させていただく以前、先生は統計的手法を用いて因果関係の解明を目指す意味での「実証主義に基づく研究」を志向されているものと思っていました。

　しかし、インタビューを通じて、芦田先生は現場が抱える教育課題の解決に資するのであれば、分野や手法は問わない立場をとられていることが分かりました。芦田先生の意図しておられる「実証的な研究」とは、教育課題が生じている現場に即応するものだったのです。また、「学際的な研究」というキーワードからは、芦田先生が国際教育開発／協力における研究者と実務者とを架橋されようとしていることも想起されます(関連文献①)。これらは、芦田先生が「二足のわらじ」のご経験を経て至った思考なのではないでしょうか。

　国際教育開発／協力の分野で活躍することを志す若手にとって、非常に有意義なお話を伺うことができたと思っています。

関連文献

①芦田明美「修学状況の変遷を捉える－横断的データおよび縦断的データ双方の視点から」荻巣崇世・橋本憲幸・川口純編著『国際教育開発への挑戦―これからの教育・社会・理論―』東信堂、2021 年、76-94 頁。

第Ⅱ部

想う・乗り越える・迫る比較教育学

第4章
山田肖子先生に聞く
「現地の音を聞きながら想う研究者への道」
──様々なディシプリンを繋ぐ──

(インタビュー実施日：2021年3月14日)

田島夕貴

声や音が谷からあがってくるのを聞きながら、
研究者になろうかなって。

語り手　**山田肖子先生**

聞き手　**田島夕貴**

概　要

　若手の研究者なら誰しもが、実務家の道へ進むのか、研究者の道へ進むのか、一度は悩んだことがあるのではないでしょうか。研究者としての就職は狭き門ではあると思いますが、研究者の道を志すきっかけは先生方の人生のどこに、また、どのような出来事があったのでしょうか。本章では、ガーナやエチオピアをはじめとするアフリカ地域をフィールドに、教育政策や産業人材育成についてご研究されている名古屋大学の山田肖子先生に、実務とアカデミアをジグザグに歩んできたキャリアや、様々なディシプリンを繋いだ研究手法についてお話を伺いました。山田先生のインタビューから、先生のキャリア形成の方向づけのときには、ご自身の途上国に対する純粋な気持ちが、必ずあったよう

に思います。そうした気持ちから国際協力に関心を抱き、実務経験を経て、「ア
フリカという社会をもっと知りたい」と、実務家から研究者へキャリアチェンジ
されています。特に、コンサルタント時代に、博士課程へ進学するきっかけとなっ
たギニアの情景は、熱を持ってお話をいただきました。また、キャリア同様、ディ
シプリンも法学、行政学、歴史学を様々に繋いでいらっしゃいます。様々なディ
シプリンを繋いできたことで、自分の研究テーマに異なる視点があり得ること、
また、フィールドを俯瞰できることが強みであるというお話をいただきました。
その際、途上国の教育研究における、歴史研究の重要性を強調されていたこと
が印象に残りました。まさに、比較教育学が多様なバックグラウンドから成る
ことを確認することができるインタビューとなりました。

1　はじめに

　山田肖子先生は、ガーナやエチオピアをはじめとしたアフリカ地域を
フィールドに、教育政策や産業人材育成をテーマとしてご研究されています。
山田先生のご著書『国際協力と学校』(関連文献③) を手に取った方も多いと思
います。聞き手(田島、東京大学大学院)も学部生時代、進路に悩んでいると
きに山田先生のご著書に出会い、その後の研究テーマ設定に大きな影響を受
けました。
　第5回 ICS では、山田先生をお招きし、実務経験も積まれながら、研究者
としての道を歩まれた経緯を中心にお話を伺いました。山田先生へのインタ
ビューは、キャリア形成のヒントも得られる非常に有意義なものとなりました。

2　教育学との出会い

Q：国際協力を中心に就職活動を進められたとのことですが、笹川平
　　和財団ではどのような業務に携われていたか教えてください

(1) 肩書きとして名乗った「教育学」

　私は法学部の学生のときに読んだ、犬養道子さんの『人間の大地』(関連文
献①) という本に衝撃を受け、国際協力の道を志しました。私の国際協力へ

の入り口は、本を読み、「私が何か世の中の役に立てるのではないか」とい
う思いから始まりました。私の就職活動中はバブルの最末期で、ゼミの仲間
は6社、7社と内定を取っていた時代に、私は途上国のことをやるから就活
しないと言っていました。

　私が就職したところは、国際的な活動を企画・支援する財団でした。当時
はバブルの頃で、活動資金がたくさんある中で、私はアジアの国で、大学や
ネットワーク型のNPOを対象に、それぞれの国の社会開発に貢献する人材
を育成する人材育成プログラムをサポートする仕事をしていました。どこに
どのようなプロジェクトを実施してくれる可能性がある団体や人がいるのか
調査し、カウンターパートと議論した上で実施するプロジェクトを作り上げ
る仕事でした。

　私は財団に就職した直後から、修士の学位が必要だと思っていました。財
団での仕事は、その分野の経験に基づく勘所があることが求められます。私
は、バブルの勢いに乗って採用された鬼っ子だったので、いつも理事長に
怒られてトイレで泣いているので有名で「泣き虫肖子」と言われていました。
専門性もなく、英語の会話が早くなるとついていけなかったため、自分は専
門性をつけなくてはと思い、修士課程に進みました。

　修士課程修了後、私が開発コンサルタントをしていた90年代後半は、教
育は貧困削減の一つの重要なツールであり、最低限の教育機会がない社会に、
学校を普及させることが国際社会の責任であるというように、EFA（Education
for All）からMDGs（Millennium Development Goals）へ議論がシフトしていく時代
でした。その頃は、小学校をつくる、小学校の教育内容を考える、小学校の
教員を養成するという話が多くありました。私自身は、その時点ではまだはっ
きりと教育の専門家という認識があったわけではないですが、財団のときに
人材育成のプログラムに取り組んでいたこともあり、コンサルタントとして
の自分の専門は教育だと言えば、多少キャリア形成の役にたつかと思い、自
分が案件を取っていくための肩書きとして、教育専門家と言い始めました。

(2) 博士課程で初めて学ぶ比較国際教育学

　コンサルタントとしてアフリカに教育の案件で戻ることが多くなってきた

頃、要領がどんどん良くなって、仕事が早くなっていきました。現場では、たくさんインタビューや訪問をし、いろいろな話を聞いていました。しかし、結局私なんかの手が届かない高い政策レベルで、どのような案件になるかというポンチ絵は描かれていました。例えば、村の人が本当は学校の建物ではなく、別の教育課題のことを言っていた場面はたくさんあったのですが、私がそのような内容を報告書に書いても、案件形成の趣旨に沿わない情報であるという理由で、削除されるという経験をしていました。それに対して、自分の中で納得がいかない状態になんとなくもやもやしていました。

　そんな中、ギニアである朝、山の上のホテルで目が覚めると、下の方の谷底に川が流れていて、朝早くから、川に人々が洗い物や煮炊きの作業のために集まってきていました。声や生活の音が谷からあがってくるのを聞きながら、「私はあの人たちの息吹を聴いているのに、それを全く見なかったかのような報告書を書くのか」と思ったときに、私にはこの仕事は向いていないかもしれないと感じました。そして、研究者になろうと、急にそこで思ったんです。今でも、この瞬間の映像ははっきりと覚えています。博士課程に応募する方法を考え出したのはそのときからですね。その時点では、私は教育が専門だと思っていましたし、アフリカのことをもっと知りたかったので、研究テーマはアフリカの教育だと漠然と思っていました。博士課程では比較国際教育学、アフリカ研究の2つを主専攻としました。

3　アフリカと出会い、関わる

Q：修士課程のときには、どのようなご研究をされていたのでしょうか

(1) 修士論文執筆時に出会い、何度も通ったアフリカ

　修士論文は、USAID（米国国際開発庁）がちょうどそのとき組織改革に取り組んでいたので、本部ではどういう人たちが関わって改革が起きたか、それが現場にどのように伝わり、改革が実践されているかをテーマにしていました。組織改革が実践されている状況について、インタビューさせてもらえる

フィールドオフィスはないかと相談したところ、ケニアとマダガスカルを紹介されました。そして、初めてアフリカの地を踏みました。

　私が修士課程修了後に、コンサルタントをしていたのは EFA の時代なので、教育機会が限られている社会と言われるところに多く案件がありました。そのため、アフリカに派遣されることが何回か続き、やがてアフリカの教育が専門の人というようになっていきました。前にこの案件を取っているから、この人はここもいけるだろうというパターンができていきます。そして、私は何度も何度もアフリカに、教育の案件の仕事で戻るということが何年か続きました。後に研究者になることを決意させてくれた西アフリカのギニアにはよく行きましたね。

　その後、博士論文ではイギリス領のアフリカの研究に取り組みました。1929 年に、ゴールドコースト植民地（現在のガーナ）に、イギリスの植民地省の肝いりで作られたエリート養成学校がありました。例えば、男女共学、実践型教育、アメリカ南部の黒人教育のモデルなど、当時の教育思想の最先端と言われた、あらゆる教育モデルが集約されていました。この学校の設立と英領アフリカにおける教育政策の議論を分析すれば、アフリカに学校教育が導入された当初の意図が分かると思い、博士論文で取り組みました。

　植民地時代の教育政策の研究から、私の研究者キャリアは始まり、現代ガーナの教育課題に研究テーマが移行してからも、ガーナを研究対象地としてきました。エチオピアでももう 20 年ぐらい定点観測をしていますが、ガーナをテーマに書いた論文が、未だに一番多いのではないかと思います。

(2) アフリカで研究をする面白さ

　私がアフリカ研究を始めたとき、アフリカ社会はいわゆる長期停滞をしている状態でしたが、2000 年代に入り、経済成長率で言えば東アジアをアフリカがしのぐ状態になりました。社会の急激な変化の波を目の前で見ていくというところが、アフリカ研究の面白さだと思います。

　特にここ数年で面白いのは、リープフロッグ現象です。今までの成長モデルの前提は、軽工業から始まり、だんだん重工業に移転していくような、段階的に経済成長を遂げていくというものでした。しかし、リープフロッグで

あっという間に途中をとばし、先進国に追いつく分野が出てくるわけです。例えば、電話線を通して電話を使うという段階を経ずして、携帯電話が日本のように普及しています。携帯電話が普及すると、それをベースとしたビジネスが発展します。そうすると、企業がフォーマル企業にならず、インフォーマルセクターのまま経済が成長する、もしくは個人が資本を蓄積するということが発生します。こうした状況は、従来の開発モデルでは全て説明できません。いわゆる国際開発学の教科書では説明できない状況を目の当たりにして、学問のとらえ直しを迫られる難しさと面白さも、最近のアフリカを見ていて感じています。

カメルーンの首都ヤウンデの仕立て屋にて（2019年）

4　様々なディシプリンを繋ぐ

Q：山田先生は社会学のアプローチを用いた研究が多いと思いますが、研究を進めるにあたり、法学、行政学、歴史学がどのように役立っているのかついて教えてください

(1) 法学、行政学、そして歴史学

私の母がとても素敵な女性弁護士と知り合いだったため、母から弁護士と

いうキャリアを勧められて法学部に進学しました。国際経済法のゼミに所属して GATT（関税および貿易に関する一般協定）や多国間協定について勉強しました。

　修士課程で国際協力研究科に進学した理由は、そのプログラムが、実践的で、国際開発という分野を広く捉えていたことや、まだ自分の専門性が何なのかわかっていなかったからです。また、財団でプロジェクト運営などに携わっていたので、運営マネジメントへの関心が高かったことも理由です。修士では、プロジェクト・マネジメント、参加型開発、プロジェクト評価など、行政学を中心に様々な授業を取りました。

　博士論文は、英領アフリカに対する植民地教育政策が、どのように作られたかという歴史研究で、私の研究者キャリアは歴史学者として始まりました。法学部を経て、行政学的な国際開発学、そして教育を主題とした歴史学者になりました。私の関心は、国際社会や植民地宗主国など、マクロなところの決定が、途上国の学校などでのミクロな状況にどういう影響を与えているか、与えていないか、それとも表面上は実践されているように見えるけれど、本質はすっかり変わって換骨奪胎されているかというところにあります。その意味では、未熟なりに修論の関心から繋がっていたかもしれないですね。

(2) 歴史を通して教育の現状を見る

　私はコンサルタント時代、現地の人が、学校建設ではなく別の教育課題のことを言っているにも拘わらず、学校が大事だという報告書を書いてまで学校という建造物をつくり、教育制度を普及させる理由は何なのだと思っていました。そして、アフリカ社会にそもそもなぜ、学校教育が持ち込まれたのかというところに立ち戻りたくて、博士論文で植民地記録を研究しました。立ち戻って、植民地時代に為政者たちが、あるいは為政者が持ってくる施策を受け止めるガーナ側のエリートたちが、それに対しどのような議論をし、どのように関わっていたのかを知るところから、自分が教育の研究者として、また実務者として関わることの根源的な意味を考えてみたいと思い、歴史研究に取り組みました。歴史を研究することを決めたときにも、自分の中では、一生歴史を研究するための歴史学ではないと思っていました。現在の研究

テーマには、歴史研究をして博士号をとったあとに、歴史的ルーツを頭に置いた状態で、もう一度現代の教育の現象を分析したいという思いで取り組みました。

　私は海外で調査をする研究分野は、歴史を知らずにその国の人たちの深い話を引き出すことはできないと思っています。現地の人たちの経験について、そのときに社会はどう変化し、どのように人々は反応してきたかを知っている状態で質問すると、相手の回答により踏み込むことができると思いますし、相手の話す内容の意味がもっとくみ取れると思います。私が、歴史を研究して良かったと思うことは、その社会で人々が語ることの背景の想像がつくということです。こういうことを話す人はこういう背景にあり、歴史のあの時点ではこの立ち位置を取ったんだろうなと、想像しながらインタビューをしています。そして、それを確認するような質問を投げることで、相手の信頼も獲得でき、インタビューが深まると思います。信頼を獲得し、インタビューイーが「この人になら話してもきっと響く」と思うと、インタビューの質もあがると思います。

　歴史研究の前に法学や行政学を学んだことで、違う学問の視点があり得るということを知ることができました。そして、自分の研究のポジションを俯瞰して、どこか他人ごとのように見ることもできます。また、この国際開発業界においても、以前は若手のコンサルタント、大学教員になってからは調査団のアドバイザーという2つ立場を経験しました。これらの経験を通して、立場が異なることで、事象の見え方も異なることを想像しながら動くことができるようになったことは、私の強みだと思いますね。

5　アカデミック・コアを求めつつ彷徨う比較教育学

Q：山田先生にとって比較教育学とは何かについて、お聞かせください

　10年ぐらい前に、比較教育学を違う立場で研究している人たちの研究姿勢、研究テーマ、研究手法の違いのマッピングに取り組み、書籍として刊行

しました(関連文献④)。そのときには、国際開発学から入った私達みたいな人、地域研究から入った人、制度研究をやっている人、教育内容やカリキュラムを研究している人など、ある程度の類型化ができました。比較教育学を研究している人の中に、様々な研究バックグラウンドを持つ人が混じっているところが、ここ10年くらいの私の関心事でした。その当時若手の私達が、バックグラウンドの違いを超えて協働することによって、比較教育がもっと有機的にダイナミックな分野になっていくのではないかということを、若手らしいエネルギーでやっていました。

　しかし、世界比較教育学会や北米比較教育学会の人たちと、一緒に仕事をさせていただくと、違う比較教育学が見えてきます。比較教育学はそれが実践され、議論される場によって性質が違う。要するに、アメリカ型の比較教育と日本型の比較教育では類型やトレンドがちょっと違ったりします。他方で連動はしていて、比較教育学というグローバルな学問サークルはアメリカ、日本、他の国・地域にも同時に存在しています。ただ、その学問サークルの中で、何がアカデミック・コアかという点は異なっている。比較教育学という分野自体が、アカデミック・コアを求めつつ彷徨う学問分野だと思っています。世界比較教育学会の設立の立役者であったマーク・ブレイ(2011)(関連文献②)が、比較教育学とは何なのか、という研究を随分行っていましたが、それもアカデミック・コアの探求の一つなんだと思います。

　私個人にとっていうと、私は、様々なディシプリンを渡り歩いてきたので、「もう自分が比較教育学者なのかどうか分からない」という感じになっています。日本比較教育学会の学会員ですが、私のやっていることが比較教育学なのか、私は比較教育学会員らしいのか、ということよりも、私はどんな研究を追求したいのか、ということに軸を置いているのかもしれません。

6　おわりに

　キャリアを中心に伺った今回のインタビューの中で、山田先生が話してくださる空気が一気に変わった場面がありました。それは、山田先生がコンサ

ルタント時代に、研究者を志すきっかけとなる出来事をお話いただいた場面
でした。ご自身でも鮮明に覚えていらっしゃるという情景を交えながら、当
時の心境について温度をのせてお話いただけるというのは、ライフストー
リー・インタビューだからこそ伺うことができたのだと思います。

　また、「現地の人たちの息吹を聴いている」という言葉からは、研究者と
してのあるべき姿を考えさせられるとともに、聴こえた息吹をどのように反
映させていきたいかが、実務か研究か、はたまたジグザグかといったキャリ
ア選択する上での基準になるようにも感じました。聞き手自身の研究姿勢お
よびキャリア形成について、改めて考えさせられる機会となりました。

　比較教育学とは何かという問いについて、山田先生は比較教育学者かどう
か分からないとしながらも、インタビュー時には悩みながら、場によって異
なる比較教育学は、アカデミック・コアを求めつつも彷徨う学問分野である
とお話をいただきました。ICSでの各回のインタビューを通して、様々なバッ
クグラウンドを持つ人々から成り立つ比較教育学研究は、一言では言い表す
ことができず、それぞれの人が語る比較教育学があると感じました。そこに
比較教育学研究の面白さがあると考えるとともに、自らが比較教育学者かど
うか分からない研究者を受け入れる懐の深さが、比較教育学にはあるように
思います。

関連文献

　①犬養道子 (1983)『人間の大地』中央公論社。
　②マーク・ブレイ編 (2011)『比較教育研究―何をどう比較するか』上智大学出版。
　③山田肖子 (2009)『国際協力と学校―アフリカにおけるまなびの現場』創成社。
　④山田肖子・森下稔編 (2013)『比較教育学の地平を拓く―多様な学問観と知の共働』
　　東信堂。

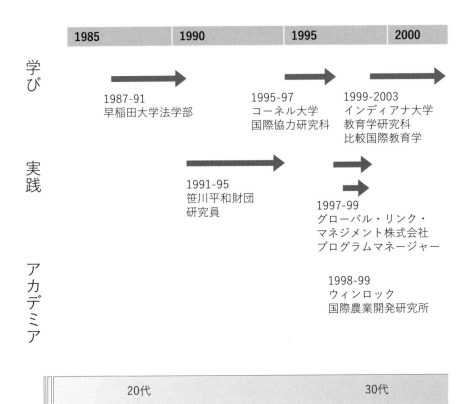

山田肖子先生のライフストーリー・チャート

| 2005 | 2010 | 2015 | 2020 |

2003-04年
広島大学
教育開発国際協
力研究センター

2004-07年
政策大学院大学
助教授

2007-22年現在
名古屋大学大学院国際開発研究科
07年- 准教授、15年- 教授

40代　　　　　　　　　　　　50代

第5章
挫折を乗り越える福留東土先生
——自分の失敗が研究につながっている——

（インタビュー実施日：2022年7月4日）

守谷富士彦・吉田翔太郎

苦しんでいる歴史に意味がある。

語り手　**福留東土先生**　　聞き手　**守谷富士彦**　　聞き手　**吉田翔太郎**

概　要

　第5章では、アメリカの高等教育を研究している福留東土先生（東京大学）にインタビューを行いました。福留先生の経歴の背景には、青少年期からの失敗・挫折を繰り返したことによる苦しみや葛藤、コンプレックスがありました。それらを「乗り越え」た経験が、現在の研究、教育、比較教育学の捉え方、フィールドとの関係構築、に影響を及ぼしています。

　本章でみるキャリア形成は、大きく5つの段階で語られています。第1に青年期（中学から大学）の失敗経験、第2に修士課程・博士課程での比較教育学やフィールドとの出会い、第3に初期キャリア（一橋大学）における全学業務、第4に広島大学での共同研究や学会事務局の経験、第5にアメリカでの在外研究中の気づきや東京大学での高等教育研究・実践です。

　福留先生は一言目にこのように語りました。「自分のことを比較教育学者かと聞かれるとちょっと違うかもしれない」と。比較教育学者はバックグラウンドが

多様で、学問分野から先に入った者もいれば、フィールドから先に入った者も
います。前者である福留先生にとって、フィールドであるアメリカをそのまま
研究対象としてよいのか長年疑問を抱きつつも、だんだんとその魅力に気づい
たと言います。その魅力とは、アメリカの各大学がエネルギーを持って自律す
ることで多様性を実現していることでした。また、それは福留先生にとっての「比
較」の考え方と関連しています。

　本章を読むことで、諦めずに長期的な視野で研究をすることの意義、自分自身
の経験を活かして研究・教育することの価値、などの示唆を得ることができます。
さらに、2 名でインタビューを行ったことによる楽しさも伝わると思います。

1　はじめに

　福留東土先生は高等教育論、比較大学史を専門とされ、アメリカの大学を
主な研究フィールドとされています。2020 年 12 月 13 日に開催した日本比較
教育学会公式研究発表会の交流会で福留先生ご自身のキャリアのお話を伺い、
もっとお話しを聞きたいという思いから、福留先生を ICS にお招きしました。
第 7 回 ICS（2022 年 7 月 4 日開催）では、16 名の学会員にご参加いただきました。
本章では、「失敗と乗り越え」を重ねてきた研究者の姿をお伝えできればと
思います。守谷は、社会科教育学を専門として教員養成・研修に問題意識を
もっています。広島大学の博士課程在籍中に上述の交流会で福留先生と初め
てお会いしました。また吉田は、東京大学の修士課程在籍中に福留先生から
指導を受けました。

2　教育学、比較教育学との出会い

Q：大学教育・高等教育に関心をもたれたきっかけについて、 高校時代までさかのぼってお聞かせ下さい

(1) 青少年期の失敗経験と父・兄の存在

　はじめに、自分のことを比較教育学者かと聞かれるとちょっと違うかもし
れないと感じています。日本比較教育学会には、その地域が大好きでたまら

なくて現地のフィールドワークを通して研究に入る人が多いと思いますが、私のアイデンティティ形成は少し違っていて、色々なところで失敗・挫折しながら教育学、比較教育学という学問分野とアメリカというフィールドに次第に惹かれていきました。

　教育に関心を持ったのは、直接的には中学・高校時代の経験が非常に大きいです。国立大学の附属中学校に抽選の結果入れなかったので、地元の公立中学校に通うこととなりました。入ったばかりの頃は学校が荒れていたので、どうにかしたいと思って、生徒会に入りました。そして、先生方と協働しながら学校を良くしていこうとする中で、教育を通してこれだけ色々なことができる、学校というものが自分たちの力でこんなに変わるということを肌身で感じました。

　高校受験でも失敗していて、地域の進学校に滑り込みで何とか入りました。進学校だったので、中学の反動で物足りなさを感じる面もありました。当時は、父や兄が東京大学に現役で入っていたので、それに負けたくなかったし、学校の先生方も「勉強、勉強」というので、部活もせずに勉強に打ち込みました。しかし、大学受験でも失敗して、二年浪人しました。浪人生活の中で、自分は人との競争がすごく下手だということ、何より自発的・主体的に学びたいという姿勢がなかったことを自覚しました。

　東京大学（文科二類）に合格したのですが、入ったら入ったで何のために大学で学ぶのかという迷いが生じました。大学受験で燃え尽きたこともあり、駒場寮の文化や部活動に浸る一方で、大学で学ぶということでも、またつまずきました。そして「進振り」（東京大学では入学時に全員が教養学部に入り、3年進学時に専門学部を選ぶ）の際も特に将来のことを考えず、他の文科二類の皆と同じように経済学部に進学しました。

　就職活動の際には、当初新聞社への就職を考えていましたが、「教育一家」（父は大学教員、母は高校教員、兄は弁護士）だったこともあり、民間企業での生活や将来像が具体的に描けずにいました。そんな中、九州大学経済学部教授だった父の姿をみて、頑張れば何とかなるかなと思い、研究者を志し大学院進学を決めました。専門分野については、経済学ではなく、青少年期にうっ

すらとあった教育への関心に立ち返りました。とくに、大学進学後から依然として謎のままだった「大学で学ぶ意味」について考えたくなり、高等教育論を学ぶことに決めました。

(2) 比較教育学との必然的な出会いと挫折

　大学院進学でもまた失敗しまして、東京大学の大学院は不合格。広島大学の大学院（社会科学研究科）に進学しました。母体の大学教育研究センターには指導教員の有本章先生（現在は兵庫大学、以下同）をはじめ、大塚豊先生（福山大学）や今井重孝先生（青山学院大学名誉教授）、米澤彰純先生（東北大学）、南部広孝先生（京都大学）や小川佳万先生（広島大学）など比較教育学を専門とする先生方が数多くおられたので、ある意味必然的に比較教育学に導かれていたのだと思います。また、進学した比較高等教育研究コースが小規模であまり競争を気にしなくてよかったことや、先生方が特定のゼミをもたないという指導文化も自分に合っていました。東大に行っていたら、博士に進学する時にまた競争があったはずなので、修士で挫折していた可能性が高かったと思います。

　修士1年の時にほとんど研究構想が立てられず、また、アメリカなど海外のことをやろうとは思いつきさえしなかったですね。経済学部出身ということもあって、社会科学系の教育の意味を考えたいと今井重孝先生に相談した際に、アメリカのビジネススクール（専門職大学院）研究をご提案いただきました。それは、見るに見かねてアドバイスくださったという感じだったのですが、有本先生も賛同くださいました。研究を進めてみると、一般的に言われるような戦後の華々しい歴史ではなくて、戦前の19世紀後半から20世紀前半に、学力の高い学生が集まらないとか、リベラルアーツの人たちから見下されるとか、苦しんでいる歴史が色々出てくるんですね。それを乗り越えていく歴史が面白いなと思いました。

　ビジネススクールの研究を始めた頃は、アメリカという国に対する興味はあまりなくて、まずはしっかり丹念に本を読みなさいと言われていたこともあって、修士論文を書くにあたっては、一度もアメリカに行きませんでした。その後、博士課程1年目にメリーランド大学へ留学したのですが、最初は授

業もわからなかったし、周りは社会人学生ばかりで本当に辛かったですね。当初は学位をとることも考えましたが、結局日本で学位を取ったので、結果的にはそこでも挫折しています。

留学時代に毎日通ったメリーランド大学
マッケルディン図書館

広島大学ポスドク時代の福留先生（2003 年）

3　大学で考えるキャリア

> Q：博士課程修了後、一橋や広大での初期キャリア、さらにアメリカ
> の大学での客員研究員といった各期の研究関心や研究方法につい
> て教えて下さい

(1) 一橋大学の教育に役に立つことを

　初職の一橋大学での職場は大学教育研究開発センターでした。広島はほぼ研究のためのセンターでしたが、一橋大学も含めてほとんどの国立大学のセンターは自大学の教育開発のためのセンターです。だから、カリキュラムや評価など非常に実践的なこと、その大学の教育に役に立つことが強く求められます。

　一橋は自分の研究と教育に自信を持っている方が多く、部局の自律性も高いので、センターでできることは限られていました。そこに 30 代前半の若

輩者がノコノコ入っていって、色々と頑張ったのですが、なかなか貢献できませんでした。ただ、センターにいたので全学の執行部、理事・副学長、センター長、部局の先生方などと一緒に仕事をして、色々と交流させてもらいました。若い頃にそういう経験をできたことは非常に大きかったと思います。

(2) 研究に集中できた広島大学

　一橋大学での仕事がだんだん楽しくなっていましたが、任期の関係もあって、広島大学に戻る決断をしました。広島はやはり研究に集中できるのが良かったです。院生の時もそうでしたが、教員になってからも知的な刺激が多い場所で、自分の研究のあり方を考えさせられました。高等教育政策の動向をみながら、関連するテーマを立てて共同研究に取り組みました。私がポスドクの時にセンターが 21 世紀 COE プログラム (世界的研究教育拠点の形成のための重点的支援) に採択されて、研究協力者として関わり、非常に勉強になりました。集団で重要なテーマを扱って成果を挙げていくのは大事なことだと思います。

　一橋から広島に戻ったタイミングで、大塚豊先生が日本比較教育学会長になられました。私は会員歴は長いんですが、大会には熱心に行っていなくて、選挙の存在など何も知らなかったんですけど、「事務局を手伝ってくれないか」と頼まれました。私は比較教育学のプロパーじゃないし、コミュニティもないし、先生方のことも知らないし…。それでも馬越徹先生 (故人、当時桜美林大学教授) からのご助言や励ましもあって、大塚先生が学会長の 6 年間、事務局を務めました。この 6 年間は、当初ゼロに近かった比較教育学の人間関係が広がる一つのきっかけになったので、大塚先生に感謝しています。

(3) 東京大学で多様な学生と一緒に学び、教育・研究をする

　このように広島大学での仕事はとても充実していたのですが、アメリカのペンシルベニア州立大学へ在外研究に行っていた時に、「ああ、自分はこれまで好奇心に基づく研究をやってこなかったんじゃないか」ということを感じました。日本の文脈を離れたことで自分の研究を見つめ直す機会になり、考え方が変わりました。そして、いろいろな経緯もあり、帰国後、異動することになりました。

在外研究先のカリフォルニア大学バークレー校

在外研究先のペンシルバニア州立大学

　東大に来て非常に感じるのは、学生と一緒に学んでいることですね。今いる大学経営・政策コースは社会人学生が多くて、私が着任した時、教室に行ったら年上の学生たちが構えてて(笑)。学生のキャリアやバックグラウンドも色々だから、能力の発揮の仕方が人によって全然違います。みんな得意不得意がバラバラなんです。人間の能力の持ち方って多様だし、各人が自分の持ち味をうまく伸ばしてもらいたいと思って教育に励んでいます。各自の弱いところをお互いに補完し、強みを分け合って支え合えれば、もっと人のキャリアは豊かになるんじゃないかと考えるようになりました。

4　フィールドの魅力

Q：アメリカでの調査、大学に関する調査の難しさや面白さについてお聞かせ下さい

(1) 自分たちで考えるアメリカの大学

　アメリカでは個別の機関・大学に非常に大きなエネルギーが集まっています。日本の大学は社会の流れや政策動向に振り回されすぎて、内発的なパワーが個別の機関に溜まりにくい。アメリカでは、自分たちの大学で受け入れた学生がどう成長していくべきか、この学生たちに何をしてあげられるか、ということを真剣に考えています。

　日本とアメリカの大学を比べて一番違いを感じるのは大学職員と呼ばれる方々の働き方ですね。アメリカの大学では、このカテゴリーの方々が非常に専門的な能力をもっています。たとえば、学生支援や学習支援の領域には、専門のスタッフが多くいて、彼らが学生のために動いています。大学の中の様々な部署が合理的かつ機能的に配置されており、それらのシステムが学生をどう育てるかを軸にして一貫して組み立てられています。そのため、「こういう学生を集めてこういう学生を育てるんだ」と各大学が自分たちで考えることができています。それは大学ごとの多様性にもつながるわけですよね。そもそも高等教育の目的は多様なはずで、他の大学と同じ制度で同じ教育をすることが目的ではありません。

そうした姿勢からは色々な示唆が得られるし、職員の方々と話をして感銘を受けることが多いですね。集中講義でコースの学生たちを連れて一週間海外に授業に行きますが、そこではやっぱり職員の方々に主に話を聞きます。

(2) フィールドの魅力と関係構築

フィールドの魅力…。実は、自分はこのままアメリカを研究対象にしていいのかなと留学時代に思っていた時期もありました。もしそこで諦めていたら…。研究者として長いスパンで物事を考えて諦めずにやっているうちに、だんだんアメリカの魅力に気がついたという感じですね。比較教育学のプロパーの人とは少し違うかもしれません。

人との関係構築については、単発のインタビューが多いですが、在外研究としてある程度の年数そこに住んで、何度も会って話をして、一緒に食事をして、イベントに声をかけてもらって…そういう中で友人関係になる人もいます。研究調査法としてのインタビューとは少し違うと思います。単に言葉として話を聞いて理解することと、親しくなった関係性の中で話を聞くのとでは、深みが違ってくるんですね。在外研究以外にもある程度の期間、現地に住んで、その空気の中で物事を考える機会は大事だと思います。

アメリカという国とそこに住む人の一つの特性かもしれませんが、非常にオープンなんです。だから、インタビューを頼んで断られることはほとんどないですね。意図を伝えてこういう話を聞きたいのですが…と言うと「では時間作りましょう」と言ってくれる人がほとんどですね。

その際にこちら側のやれることとしては、熱意や意欲を見せることですね。こういう話を聞くとこういう意味のある研究成果に繋がります、とか。こういうことを日本に見せたいんだ、と。そういう熱意を伝えるということです。特別なことではないですが、忘れてはいけないことだと思います。

5　比較教育学の4つの面

Q：最後に、先生にとって「比較教育学者」とは何でしょうか？
　　若手研究者、大学院生にメッセージをお願いいたします

(1) エンカレッジしてくれる日本比較教育学会

　日本比較教育学会には温かい人が多いです。研究発表の際もどこかいいところを見出そうとして、励ますようなコメントを通してエンカレッジしてくれます。この人の研究がよくなっていくためにはどうしたらいいかなということを自然に考えられる人が多いと思います。また、フィールドに入り込んでいくようなスタイルをとる人が多いのも魅力ですが、比較教育学のトレーニングを受けていない人たちも入っていける間口の広さと研究対象の広さがあります。本当に居心地のいい学会で、多くを学ばせてもらっています。

(2) 福留先生にとっての比較

　アメリカの研究を始めた時は、日本の大学改革にとってのモデルという意識があったのですが、研究を進めると必ずしもそうではない面も見えてきます。今は日本の教育の相対化を図ることができるという側面や、時代の流れを読みながら、自分たちのミッションを考えてイノベーティブに色々な改革をやっていくというダイナミズムに魅力を感じています。さらに「比較教育学とは何か」という問いは、時代によって変わってくる面もあると思うので、若い人達の考えも含めて議論していける場があればよいですね。最後に、フィールドに行く際は、相手から学ばせてもらうだけではなくて、こちらから「ああなるほどね」と思ってもらえるような、「アカデミックなお土産」を持っていく。このように、比較には、日本を相対化すること、アメリカのダイナミズムを感じられること、時代とともに変わること、相手から与えられるだけではなく相手に何かを与えることの4つの面があると考えています。

6　おわりに

　福留先生は、一橋大学での教育開発業務、広島大学での高等教育の共同研

究、アメリカでの在外研究、学会事務局など大学でキャリアを形成してこられました。しかし、その輝かしい経歴の背景には、失敗と挫折の繰り返し、そこで感じる辛さ・葛藤・コンプレックスがありました。福留先生が「いろいろあっても研究者として長いスパンで物事を考えて諦めずにやっているうちに、だんだんアメリカの魅力に気がついて来た」とおっしゃるように、それを「乗り越え」た経験が、福留先生のご研究、フィールドとの関係性、学生の教育へと繋がっています。その繋がりの実現が、研究者であり教育者でもある大学教員のゴールなのかもしれないと感じました。

　また、福留先生は一言目に「自分のことを比較教育学者かと聞かれるとちょっと違うかもしれない」とおっしゃいました。比較教育学者はバックグラウンドが多様で、福留先生のように学問分野から先に入った者もいれば、フィールドから先に入った者もいます。福留先生は後者を「比較教育学のプロパー」と捉えていましたが、「プロパー」ではない福留先生も修士・博士課程や学会事務局経験の中で比較教育学にエンカレッジされてきました。そのようなエンカレッジ文化を身に付けた人柄が、このインタビューでも表れていました。

　ライフストーリーインタビューの醍醐味は、当日の聞き取りにもまして準備、下調べの段階です。守谷と吉田の共同で準備を進めて、事前に語り手の経歴や研究業績を調べる過程で「ああだろうか、こうだろうか」と想像が膨らみ、伺いたいことがたくさん出てきました。実際のインタビューでは、入念に準備をしたつもりでしたが、語り手から予想もしなかったストーリーが語られたため、臨機応変に計画を壊すなどのライブ感も味わえました。さらに、語り手の人となりを深く知ることで、実際に指導を受けた吉田も、福留先生の一つ一つの研究についての理解が深まりました。インタビュー後の解釈、原稿執筆も2人で取り組み、ずっと楽しかったです。私たちのインタビューで得られた学びが、読み手の皆さんに少しでも伝われば幸いです。

関連文献

　福留東土 (2011)「研究と教育の関係」有本章編『変貌する世界の大学教授職』玉川大

　学出版部。

福留東土 (2014)「比較高等教育研究の回顧と展望」『大学論集』第 46 集、139-169 頁。

福留東土 (2021)「アメリカにおけるビジネススクールの成立と初期的展開」『大学史研究』第 29 号、87-113 頁。

福留東土先生のライフストーリー・チャート

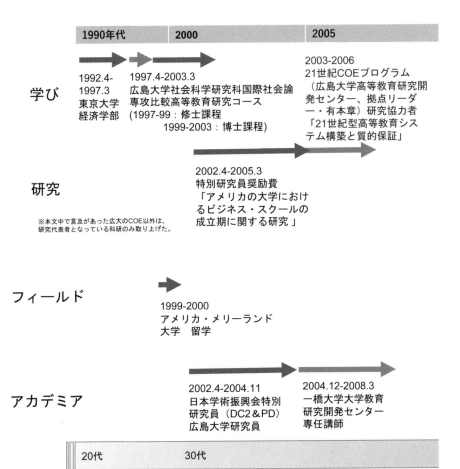

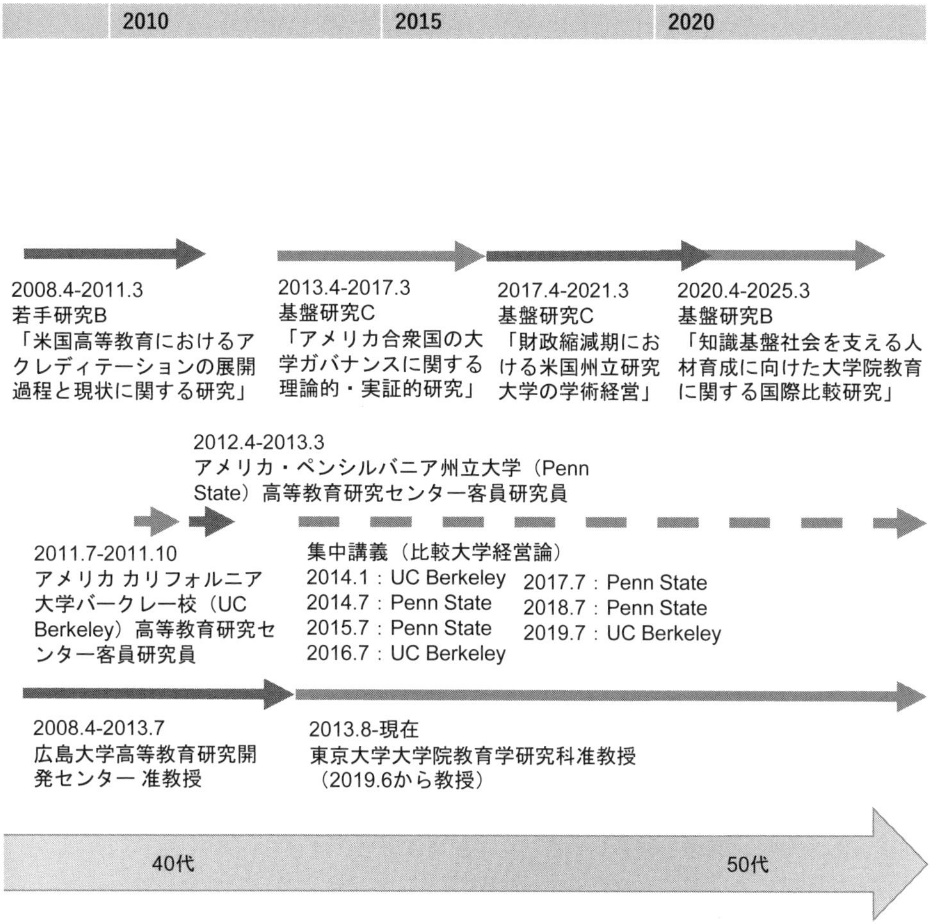

| 2010 | 2015 | 2020 |

2008.4-2011.3
若手研究B
「米国高等教育におけるア
クレディテーションの展開
過程と現状に関する研究」

2013.4-2017.3
基盤研究C
「アメリカ合衆国の大
学ガバナンスに関する
理論的・実証的研究」

2017.4-2021.3
基盤研究C
「財政縮減期にお
ける米国州立研究
大学の学術経営」

2020.4-2025.3
基盤研究B
「知識基盤社会を支える人
材育成に向けた大学院教育
に関する国際比較研究」

2012.4-2013.3
アメリカ・ペンシルバニア州立大学（Penn
State）高等教育研究センター客員研究員

2011.7-2011.10
アメリカ カリフォルニア
大学バークレー校（UC
Berkeley）高等教育研究セ
ンター客員研究員

集中講義（比較大学経営論）
2014.1：UC Berkeley
2014.7：Penn State
2015.7：Penn State
2016.7：UC Berkeley

2017.7：Penn State
2018.7：Penn State
2019.7：UC Berkeley

2008.4-2013.7
広島大学高等教育研究開
発センター 准教授

2013.8-現在
東京大学大学院教育学研究科准教授
　（2019.6から教授）

40代　　　　　　　　　　　　　　　50代

第 6 章
社会主義国の教育動態から
教育の原理に迫る関口洋平先生
——現場に飛び込み、関係を構築する——

（インタビュー実施日：2021 年 11 月 8 日）

木村　祐介

いい研究とは面白い研究、面白いと思えないものでは
いい論文は書けない。

語り手　関口洋平先生

聞き手　木村祐介

概　要

　日本の比較教育学を専門とする研究者の多くは、日本以外の国・地域を研究の主たるフィールドとしています。そして、初めて現地を訪れて以来、フィールドとどのような関係を構築するか、フィールドとどのように向き合うべきか、しばらくの間、とくに大学院生や若手の研究者は考え続けるのではないでしょうか。本章では、ベトナムをフィールドとして主として高等教育研究に取り組まれている畿央大学の関口洋平先生に比較教育学やフィールドとの出会い、研究方法、キャリアついてお話を伺いました。インタビューでは、高校時代から東南アジアに関心を寄せておられたこと、学部生の頃はベトナムの教育開発への強い想いを抱いておられたことや、その後、大学院で研究を進められるにつれて、フィールドとの対等な関係、フィールドから学ぶ姿勢を大切にされるよ

うに向き合い方が変化したことが語られました。さらに、こうしたフィールドとの向き合い方の変化は、教育のあり方について、とくに、社会主義国という思想や言論の統制がみられる国では、どの程度、教育に国や共産党の関与が見られるのだろうか、という問いへの深化を伴うものでした。インタビューの後半では、キャリアと関連して、研究テーマと繋がる私立大学の運営に携われていることや、教職科目の講義を通して日本からベトナムを見るという新たな視点を獲得されていることが語られました。最後に、比較教育学は「教育学」であるという学問観については、フィールドとするベトナムの教育のすべてを視野に収めることの大切さが語られました。

1　はじめに

　関口洋平先生（語り手）は、東南アジア、とくにベトナム社会主義共和国をフィールドとして、高等教育を中心に研究に取り組まれています。今日のインタビューでは、関口先生ご自身の比較教育学、フィールドとの出会いを出発として、比較教育学、ベトナムへの想いや考え方、そして初期キャリアについてのお話を伺います。聞き手（木村祐介、広島大学大学院）は若手ネットワーク委員会の学生メンバーとしてこれまで同委員会の運営に携わってきました。またベトナムの美術教育、とくに中学校教科書の内容分析に取り組んでいます。今回、聞き手がICSでのインタビューの機会をいただき、同じベトナムというフィールドでご活躍され、平塚賞本賞を受賞されるなど若手の先生方の中でもとく活躍が目覚ましい先生として、関口先生にぜひ話を伺いたいと思いました。

2　ベトナム、そして比較教育学との出会い

　　Ｑ：ベトナムというフィールドに出会ったきっかけ、比較教育学に出
　　　　会ったきっかけを学部、修士、博士課程を振り返って教えてくだ
　　　　さい

(1) 友人のベトナムから、私のベトナムへ

　東南アジアに興味を持ったのは高校時代に遡ります。その頃、関心を持っていたのは途上国でした。京都大学教育学部に進学し、国際協力という形で途上国に関わってみたいと思い、当初はベトナムではなく、フィリピンやマレーシアでボランティア活動をしていました。学部2回生の頃、日本人の友人が大学の国際交流プログラムを通じてベトナムのフエに行って、ベトナム人の友だちができました。それからというもの、私はその日本人の友人から毎日のようにベトナムの様々な話を聞くようになり「ベトナムは面白そうだな」と思い始めました。意外に思われるかもしれませんが、直接ベトナムの文化や歴史に関心をもったというよりは、大学の、しかも日本人の友人を介してベトナムに興味を引かれたという点でベトナムとの初めての出会いは間接的なものでした。その後、4回生になり卒業論文に取り組む際に、東南アジア、ベトナムの教育について考えたいと思って勉強を始めました。それが、私の出発点です。

(2) 比較教育学との出会い

　比較教育学に出会ったのは学部2回生、3回生の頃です。当時、教育に軸足をおいて国際協力に関わりたいと思っていました。国際と教育といえば、比較教育学の研究室がありましたから、ここだと思いました。そして杉本均先生（京都大学）とお話しした際に、先輩の小原優貴さん（お茶の水女子大学、特別研究員（RPD））とお目にかかる機会もありました。また、学部3回生の時に参加した大学院のゼミ発表で、『教育改革の国際比較』所収の服部美奈先生（名古屋大学）のインドネシアの教育に関する論文について発表したことが、私にとって初めての比較教育学とのコンタクトだったと思います。

　学部生の時は、国際教育開発や国際教育協力の観点からベトナムの教育をより豊かにしたい、私たちが積極的に関わることで彼ら彼女らの教育をよくしていきたいという、漠然とした思いを持っていました。そうした思いは、とりわけ大学院において南部広孝先生（京都大学）、杉本先生のもとで学ぶ中で大きく変化していきました。特に影響を受けたのは、先生方の研究スタイル、つまり、フィールドとする国、地域の言語を用いて、現地の人々と交流

を重ねて信頼関係を構築し、現地から学ばせてもらうという姿勢です。そして、ベトナムと私の関係も、もっと水平で、対等であるべきだという考え方に変わりました。

　比較教育学との出会いということではもうひとつ、「面白い研究をする」という言葉を南部先生から頂いたことが私の研究姿勢にとても大きな影響を及ぼしています。こうして南部先生や杉本先生の研究のスタイルに感化されながら、現地に入ってベトナムの言葉を通じて現地の人たちと交流をしていく中で教育について学ぼうとする姿勢や、もう一つは面白い研究、いい研究をしていくということを意識するようになりました。また博士課程では、折に触れて、大塚豊先生（福山大学）からもベトナムの高等教育研究についてお話を伺う機会もありました。

3　研究方法と問い

Q：関口先生の得意とする研究手法について、特にベトナムでの文献研究や文献収集の具体的な方法について教えてください

(1) 文献研究と「飛び込み」調査

　ひとつには文献研究が挙げられます。中国の高等教育を研究されている大塚先生や南部先生は「人民日報」といった中国で刊行されている新聞の教育関連の記事を分析して論文を書いておられました。南部先生からは新聞に現れる（時には僅かな）教育関連の内容を繋ぎ分析することで、教育の制度や実態について理解するという研究手法をご指導いただきました。ベトナムでは「人民（ニャンザン）」という党の機関紙が刊行されていますから、そうした研究手法を実践するようにしています。普段から高等教育関連の記事をコツコツ集めて、新しい制度や規則が制定されたという事実を掴み、それから教育訓練省（文部科学省に相当）の刊行物で確認しています。その上で、ベトナムに赴いて、大学の研究者や、教育行政官など関係者にインタビューを行って教育の実態を確認しています。現地調査を通じて実態を確認する、これが2つ目の研究手法です。

ハノイ国家大学外国語大学の政治・学生組織室室長への聞き取り調査（2017 年 6 月 7 日撮影）

撮影した雑誌『大学職業教育』（2016 年 5 月 12 日撮影）

　ベトナムでのインタビュー調査では「飛び込み」になることが多くありま
す。事前にアポイントを取ろうとしても、お返事をいただけないことがよく
ありますから、アポイントもなく、文字通り大学の研究室や教育訓練省の研
究所などを訪れて「私はこのテーマについて研究をしているのですが……」
と飛び込んでいくわけです。こうした「飛び込み」を積み重ねて、フィール
ドに赴く前に考えていた枠組みと違うところや、同じところを確認し、枠組
みと違うところは再び問いを考えるところに立ち返る、というような流れで
研究を進めます。まとめると、文献研究とそれを裏付ける聞き取り調査、実
態調査を主な研究手法として用いています。

(2) 現地での文献資料の収集の実際

　教育訓練省にはベトナム教育科学院というシンクタンクとして位置づけら
れる組織があります。この教育科学院の附属図書館にはベトナム教育に関連
する資料が豊富に所蔵されています。私は博士課程の2回生の頃から利用し
ています。ベトナムに到着して、まずはこの図書館に行って所蔵資料を検索

教育科学院附属図書館での撮影の一コマ（2013年10月4日撮影）

して「これは面白そうだ」という資料に出会ったら、複写して持ち帰るという作業をします。この他、各師範大学・教育系の大学が刊行している紀要や教育訓練省が刊行している雑誌を年単位で購入して、持ち帰ることも続けています。また現地で複写することが難しい文献の場合は、写真に収めていました。博士課程2回生の頃は、まるまる1か月、毎日教育科学院の附属図書館に通って、デジタルカメラで一日中資料を写真に収めていました。

(3) 根っこにある「問い」

　小学生の頃から漠然とですが、私の中には、教育に対して権力を持っている機構がどのように関与しようとするのか、という問いがありました。手に取ったことがある方も多いと思いますが『はだしのゲン』には、戦時中の日本の教育の様子も描かれています。その一コマに、権力をもっている人たちが、自分たちの主義主張に合うような国民を作るといったシーンが描かれています。今からみればこの漫画は掲載誌が複数回変わっていることからその内容については検討が必要なのですが、原初的な体験として、小学生の頃に読んだことが権力と教育について関心をもつきっかけの1つとなりました。社会主義国では、思想や言論への国や共産党の関与が強いというのが一般的なイメージだと思いますが、教育の場合は、どの程度、国や共産党の関与が見られるのだろうかというところに関心を持っていました。この写真は、教育管理学院の職員の方が共産党員になったことを受けて開催された祝賀会に参加した時のものです。

党員認定パーティ（2016 年 5 月 12 日撮影）（語り手は右から 4 番目）

（4）学術的な問いと実践のあいだ

　繰り返しになりますが、自分自身の研究姿勢、ベトナムへの関わり方を振り返ってみますと、学部 4 回生の頃、卒業論文を書いていた時は、どのようにしたらよりよい教育が実現できるだろうかという実務的、実践的な関心にウェイトを置いていましたが、それが修士課程の頃からは、教育学として考えた時に、国家や政党がどのように教育に関わっていくか、というよりアカデミックな問いに変わっていきました。他方で、研究員として関わらせて頂いた広島大学の教育開発国際協力研究センター（CICE）のプロジェクトには授業研究（レッスンスタディ）を海外に展開するという実践的な研究活動がありますが、こうした活動に関わるなかでレッスンスタディが現地でよいと評価され、学校現場で必要とされているのであれば全力でサポートしたいと今も思っています。

4　初期キャリアと「下積み」の大切さ

Q：大学教員として勤め始めて、大学院やポスドク時代のご経験が現
　　在どのように活きているか教えてください

(1) 研究テーマの実践、そして「勉強の連続」

　大学院では、ベトナムの高等教育、とくに大学の管理運営についての研究
に取り組んできました。現在、私は私立大学の教員として勤務しています。
働き始めて大学教員の仕事には教育以外にも様々なものがあることを実感し
ています。その仕事のひとつとして、私は大学の管理運営に携わっています
が、これはいわば、これまで取り組んできた研究テーマを実践する側に立っ
ていることになります。実践者＝内部者の視座から理事会の構成、学長のリー
ダーシップ等々、大学の管理運営の実際を肌で感じる機会を得ています。ま
た、大学院での経験が活きているということについて言えば、現在初年次教
育を担当しており、アカデミック・スキルとキャリア教育の大きく2つのテー
マに沿って講義を組み立てています。アカデミック・スキルの方は、これま
で取り組んできた研究、論文執筆の経験がそのまま活かせています。他方で、
講義(教育課程論)では、日本の教育理念や学習指導要領などを取りあげてい
ますが、これまでは主としてベトナムの教育に専心していましたから、日本
の教育を理解するために日々勉強しながら授業に臨んでいます。教育の日本
的特質からベトナムを改めて見る、考える機会にもなっています。いずれに
しましても「勉強の連続」という日々を過ごしています。

(2) 「Yes」または「はい」

　大学院時代に先輩から教えて頂いたことで、働き始めてからも大切にして
いることがあります。それは「Yes」または「はい」の精神です。たとえば、共
同研究に声をかけて頂いたり、何か依頼されたりした際の返答では、基本的
には「NO」を言わないということです。若い頃の苦労は買ってでもせよ、と
いうことだと思っています。研究も実務も、どちらも学ぶことが多いことに
変わりはないのですが、やはりこの両者のバランスを上手く取ることが大事
だなと感じています。大学院時代は研究に専念できるものですが、働き始め

ると、実に多様な仕事があるので、大学院の頃から様々な経験を積んでおくことも大切だと思います。

5　比較教育学者とは

　Q：関口先生にとっての「バイブル」は何か、「比較教育学者」とは何か
　　　お尋ねします

(1) 私の「バイブル」

　ひとつ挙げるとすれば、比較教育学を本格的に学び始めた学部3回生の時に、有志のゼミで読んだパウロ・フレイレの『被抑圧者の教育学』ですね。国家や党が教育に関与して理想的な教育が制度化されていく、そして本当にそれがよい教育につながるのだろうかと思ったときに、フレイレの識字教育の実践を学んだことで、教育を見る際の視点として「上と下からの2つの視点」を大切にしたいと思っています。もうひとつは、恩師である南部先生の『中国高等教育独学試験制度の展開』です。南部先生のご研究の視点や内容から直接指導をして頂いてきたこともあり、テキストを、奥行きをもって学ぶべきことが多くあります。博士論文を書いていたときも、常に机に置いて必要なときに参照していました。

(2) 教育学としての比較教育学

　私は、比較教育学は「教育学」だと思っています。国によってどのように教育が営まれているかを考えることと、そもそも教育とは何かということを考える時に、いろいろな国における教育の成り立ち、歴史や実践から手がかりが得られると考えています。私の場合は初等教育、中等教育、高等教育、教員養成など様々なテーマについて学んできたことで、一国の教育全体をシステムとして、またよりリアルなものとして捉えることができるようになったと感じています。もうひとつは、その国の教育をよりよく知るためには、地域、国民性、歴史、文化はもちろん知っておくことが大切ですから、その国のプロパーになるということだと思います。地域研究者としてフィールドに入ったり、その国の言語に精通したりすることも比較教育学者に求められ

ることだと考えています。

6　おわりに

　関口先生へのインタビューでは、驚いたことが2つありました。ひとつは、冒頭、高校時代から東南アジアへの関心を寄せられていたこと、もうひとつは、フィールドとするベトナムとの出会いが、日本人のご学友を介した間接的なものであったことです。ICS に登壇くださった先生方の語りには、高校時代から今のフィールドへの関心があった、また、間接的な出会いから始まったというお話はありませんでした。しかし、卒業論文執筆以降は、研究と国際協力の実践を通して、ベトナムをご自身のフィールドとして確立されています。ご著書『現代ベトナム高等教育の構造―国家の管理と党の領導―』(関連文献①) が日本比較教育学会第 30 回平塚賞本賞を受賞されていることはその証左です。

　現職では私立大学の運営に携わられることで、ご研究とのつながりを見出されているとのお話も大変興味深く伺いました。他方で、国際協力の実践では、初等・中等教育にも積極的に関わられていました。このことは、関口先生が考えられる比較教育学が教育学であり、一国の教育をリアルに捉えるためには、全体を知る必要がある、といった学問観に通じるところであると思います。また、今回のインタビューを通して、ベトナムという社会主義国の教育動態は教育のあり方や教育と権力の関係を考える上で示唆に富む事例であるということに改めて気づきました。

　最後に、関口先生の語りの中には、ご学友、そして先生方への言及がありました。よき師、よき出会いを大切にされ、また、フィールドの人々と交流を重ねて構築された信頼関係と地道な文献研究と飛び込み調査のコンビネーションが、関口先生のご研究の基盤にあると思います。今回のインタビューでは、事前に打ち合わせの機会を頂き、インタビューのサビになる事柄についてもお伺いしていましたが、当日は、緊張のあまり、インタビューガイド、それからタイムテーブルに引っ張られてしまいました。関口先生、フロアの

方々からのコメント、質問に助けられたインタビューとなりました。

関連文献

①関口洋平『現代ベトナム高等教育の構造―国家の管理と党の領導―』東信堂、2019 年。

関口洋平先生のライフストーリー・チャート

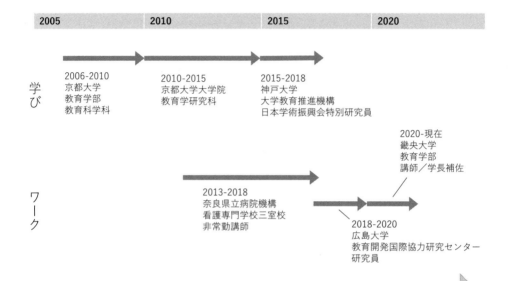

2005 2010 2015 2020

学び

2006-2010
京都大学
教育学部
教育科学科

2010-2015
京都大学大学院
教育学研究科

2015-2018
神戸大学
大学教育推進機構
日本学術振興会特別研究員

2020-現在
畿央大学
教育学部
講師／学長補佐

ワーク

2013-2018
奈良県立病院機構
看護専門学校三室校
非常勤講師

2018-2020
広島大学
教育開発国際協力研究センター
研究員

20代 30代

第7章
濵谷佳奈先生に聞く
「ライフと不可分な比較教育学研究」
──周りの方を巻き込み研究成果を社会に還元する──

（インタビュー実施日：2022年8月29日）

今泉尚子

国家、言語圏を越えた人と人との交流、各々の言語思考回路を交えた交流が研究の刺激となり、研究を育てて発展させる契機になるところに、比較教育学の魅力があるのではないでしょうか

語り手　**濵谷佳奈先生**　　　　　聞き手　**今泉尚子**

概　要

　コロナ禍の中で研究キャリアをスタートさせた人にとって、学会のオンライン開催により様々な人と知り合う機会を失っているように感じます。同じ志を持つ同世代と知り合う機会だけでなく、書籍や論文でしか知らない先生と、研究発表だけでは知り得ないお話を個別に伺う機会が少ないのです。本章の筆者もその一人です。

　今回お話を伺った濵谷佳奈先生とも、オンラインの学会や研究会でご一緒したことはありますが、個別にお話を伺うのは今回が初めてです。初めてだからこそ、読者と同じ目線で、研究だけでなく、オフィシャルの場ではなかなか聞くこと

のできない、ライフの部分も交えてお話を伺いました。

　特に、博士論文に加筆・修正を施して出版された濱谷先生の書籍がどのように完成に至ったのかを伺います。ライフイベント、研究、そして大学教員としての様々な仕事があると思いますが、どのように優先順位をつけて執筆に取り組まれたか、また、その原動力は何か、伺いました。

　濱谷先生の研究の原動力は、「周りの支え」という予想外のものでした。濱谷先生は、とても謙虚に、家族や周りの先生方の支えなしではやってこられなかったことを強調されていました。そして、お話を伺っていくうちに、先生の謙虚さこそが、周りを巻き込んで研究することができる秘訣なのではないかと思いました。また、濱谷先生は、お子さんの言葉から研究のヒントを見つけたり、お子さんの担任の先生から学んだりと、ライフとワークすなわち研究を自然につなげていらっしゃいました。ライフとワークはきれいに切り分けて考えられるものではなく、不可分なものであることを濱谷先生のライフストーリーは教えてくれます。

1　はじめに

　濱谷佳奈先生はドイツにおける倫理・宗教教育に関する研究を専門とされています。2021 年度に日本比較教育学会平塚賞 (特別賞) を受賞されていることから、高く評価される研究を行うための姿勢についてお伺いしたく、今回ご登壇をお願いしました。また、事前に打ち合わせをした際に、子育てしながら、博士論文を執筆していらしたことを知りました。そこで、インタビュー当日は、比較教育学者としてのワークの部分だけでなく、ライフの部分にも着目してお話を伺いました。インタビュー当日、濱谷先生はドイツにいらしたため、早朝のドイツから調査の様子も交えながら語ってくださいました。

　聞き手の今泉尚子 (早稲田大学大学院) はドイツの政治教育に関する研究に取り組んでおり、ドイツの価値教育という点で濱谷先生と近いテーマを研究対象としています。また、「フォーラム・ドイツの教育」などの研究会で濱谷先生にお世話になってきました。しかし、現在博士課程に在籍する聞き手自身が、ちょうどコロナ禍で研究キャリアをスタートさせたために、対面で先生方のキャリアを個人的に伺う機会がありませんでした。今回の濱谷先生

へのインタビューは、オンラインの学会や研究会では、気軽にお聞きできないキャリアとライフの交差について、初めて深くお話を伺う貴重な機会となりました。

2　研究者への道のり

Q：ドイツとの出会い、研究テーマとの出会いはなんでしょうか

たぐり寄せるように振り返ってみると、いろんな出会いがあるのですが、その中でも大きなきっかけは音楽との出会いでしょうか。ドイツ語圏で作曲された音楽やその背景に関心を抱いたことが、ドイツ語やドイツ語圏の歴史や文化、社会を専門的に学んでみたいというきっかけになりました。

上智大学のドイツ語学科に入学してから、ドイツ語漬けの日々が始まったのですが、人間学の授業を担当していた故アルフォンス・デーケン（Alfons Deeken）先生から価値論や死生学を学んだことも現在に至る財産です。ドイツの教育に興味を持ち始めたところ、担任の先生が故クラウス・ルーメル（Klaus Luhmer）先生を紹介くださいました。ルーメル先生には、ドイツ教育研究の方向性について助言いただくばかりでなく、のちの指導教員となる教育学科の髙祖敏明先生（現聖心女子大学学長・上智大学名誉教授）につなげていただきました。学科を越えて髙祖先生の外国教育史ゼミで学んだことが今の私の出発点です。そして交換留学に応募し、学部3年生の夏から1年間、ドイツのケルン大学で学ぶ機会を得ました。帰国後に卒業論文に取り組んだ際は、ドイツ語学科の河崎健先生に主査としてお世話になり、国立国会図書館にいらした木戸裕先生がKMK（常設各州文部大臣会議）関連資料の収集に際して親切にしてくださったことにもずっと感謝しています。

カトリックの女子中高一貫校に通い、先生方が様々な社会活動を国内外で行っているのを目の当たりにしてきました。上智大学在学中は聖マリア修道女会のシスター方が運営する寮で卒業まで過ごし、ドイツ留学中もカトリックの学生寮で過ごしました。自分だけ幸せにならない、周りの方も幸せになるような人生を、と学びました。日本でもドイツでも得難い師や友人たちに

恵まれ、日常生活の中の宗教、とくに教育と宗教との関係について考える機会が多くあり、それが研究テーマに繋がっていきました。

Q：研究者を目指すきっかけはなんでしょうか

教育学を大学院から専攻し、ドイツ語と英語の教職課程も修めながら博士前期課程に在籍しました。修士論文を書いて、その後も研究を続けてみたいと次第に思うようになりました。

周りに尊敬する先生方がたくさんいらっしゃったことが、研究者をめざすきっかけになったと思っています。上智大学の博士前期課程では、髙祖先生をはじめ、杉村美紀先生（上智大学教授）、加藤幸次先生（上智大学名誉教授）にも修士論文の副査として指導していただきました。とくにドイツ教育学研究については、「フォーラム・ドイツの教育」で発表するたびに、当時、国立教育政策研究所にいらした結城忠先生（国立教育政策研究所名誉所員）と坂野慎二先生（玉川大学教授）に厳しくも温かいご指導をいただきました。フォーラムでは、別府昭郎先生（前明治大学教授）、前原健二先生（東京学芸大学教授）、近藤孝弘先生（早稲田大学教授）をはじめ、ドイツ教育研究に携わる諸先生からいつも貴重なご指摘をいただきました。同じくフォーラムで、的場正美先生（東海学園大学教授）がドイツの先生と生徒たちのコミュニケーションを逐語分析し発表された際に、圧倒されたことを今でもよく思い出します。

多くの先生方の既存の教育のあり方を問い直すような研究とその生き方に直接的、間接的に接する中で、自分自身も研究を続けて行くことができればと思うようになりました。一生を終える前にたどり着けないだろうという気づきがあるにもかかわらず、遠い背中を追い続けるような、そんなイメージで研究を続けています。

大学院生活が長くなり悩む時期もありました。そんな時に支えてくれたのが、同じ大学院生活を過ごす先輩や仲間、友人たちでした。ある先輩の「がんばっていたらきっと見ていてくださる方はいらっしゃる」という言葉が大きな支えとなりました。先輩だけでなく、教育学専攻の仲間や先生方、授業を受け持った学生さんなど、多くの人に支えられてここまでやってこられた

と思います。

3　絡み合うキャリア形成とライフ

Q：博士論文を書きながら、結婚、出産を決めたとき迷いはなかったですか

　本当は、性別が研究の妨げになると思わないで済む、女性または男性であることと研究者であること、それから結婚や出産への注目が必要以上になされない社会になってほしいと願っています。それでも、若い皆さんへ、あくまで多様な生き方の一つとして参考になるのであれば、お聞きください。

　最初の職場に就職してからの出産では、同僚の先生方が「こどもは社会で育てるものだから」と支えてくださいました。ただ、パートナーの家庭への献身や実家の両親、パートナーの両親からの全面的なサポートなしには、仕事への早期復帰は叶わなかったかもしれません。実家のある関西の大学に採用されたのは幸運でした。

　所属していた学科には、幼児教育の専門家が大勢いらっしゃったので、困ったときにはよく相談していました。とくに、女性の先生方は、プライベートでの子育てと研究の両立について、ご自身が試行錯誤を繰り返された経験から、きめ細やかに支えてくださいました。

　本来、博士論文を書いてから、いろいろなライフイベントを迎える方がスムーズなのだと思います。ただ、私の場合は、その時の状況に応じて可能性を閉じず、何が大切なのか、何をその時期に優先すべきかを問い、家族と話し合いながら、どうしたら研究を続けられるかを模索してきました。「何のための研究か」という問いを常に持つことと、何かの役に立てるときは、自分の成長できる機会と受けとめて懸命に取り組むことのふたつを大事にしてきました。周りの方々が支えてくださったからこそ、その時目の前にある仕事に懸命に取り組んで、一歩一歩、進んでこられたのだと思います。受け取った数々の恩恵を、私も自分に何が貢献できるかを考えながら、繋いでいければと願っています。

　なによりも、こどもの成長そのものが私の研究生活を支えてくれていると思っています。私は頼りない母ですが、どんな未来が訪れるのか、どんな未来を実現したいのか、こどもたちと一緒に考えながら新しい仕事にもチャレンジしていきたいです。

Q：子育て、大学の業務、博士論文の執筆、どのように優先順位をつけて行ってこられましたか

　やはり、こどもたち自身に教えられることが大きかったですね。大変なこともありますが、こどもたちの方が大変な人のところに生まれてきたと思っているかもしれません。それぞれ小さい頃から日々いろんな疑問を聴かせてくれます。自分で伸びて行こうとするこどもたちとの生活は本当に刺激に溢れています。私にとってはこどもの後をついていくようなイメージですね。その疑問をどう乗り越えていくのかを、私も一緒になって考える日々が、「こども」という存在から出発する研究にも直結しているように思います。

　保育園や幼稚園、小学校などで出会った保護者の方達や、担当してくださった先生方に、新米の親として幾度助けられたかわかりません。周囲の方々が、こどもにどれほど深い愛情を注ぎ、どのように接しているのか、プライベートと仕事関係を超えて考えさせられる場面も、私にとっては極めて重要です。

　もちろん、学内では教育と合わせて様々な仕事を優先しなければいけなかったわけですが、そこでの一つひとつの仕事が今につながっていると思います。前任校では、いろいろな職務を経験させていただいたことに感謝しています。困難に直面した時こそ、使命感を持って集中して取り組む研究が自分の支えになっていたのだと思います。周囲の先生方からも、研究もしっかりがんばりましょうと後押しされて、職務にも研究にも情熱を注ぐことができたように思います。

　前任校では、村井尚子先生（京都女子大学教授）から、教員養成のリアリスティック・アプローチに関する共同研究にも誘っていただきました。オランダからお招きした教師教育研究者のコルトハーヘン（Fred A.J. Korthagen）先生を京都にご案内する際も同行しました。その時に、女性研究者のロール・モ

デルの話題になったのですが、「あなたのロール・モデルはあなたしかいない」とおっしゃったことが強く印象に残っています。

　就職して、科研費をいただいて、ドイツにも行けるようになり、さらに研究環境が充実してきました。大阪に移ってからも、髙祖先生は梅田のサテライトキャンパスへの出張の度に指導してくださいました。論文が完成するまで、絶え間なく伴走してくださったことに深く感謝しています。志水宏吉先生（大阪大学教授）がメンバーに加えてくださった科研で、生後半年だったこどもを国外出張に連れて行った際には、受け入れ先の機関がとても温かく迎えてくださり、本当に有り難かったです。きっと、どこから来たなどは関係なく、子育てに必死な一人の新米の親として丸ごと応援してくださったのではないかと思います。いろいろな方の支え無くしては進められなかった研究ですから、課題は多いとしても、できるだけ早く博士論文をまとめたいという気持ちは常に持っていました。

4　先進国ドイツを研究する意義と方法

Q：比較教育学研究として先進国ドイツを扱うことの意義についてどう考えられていますか

　同じヨーロッパでもフランスやイギリスの場合は、植民地主義への反省に基づく比較教育学研究という歴史があると思いますが、これらと比べてもドイツ語圏の比較教育学研究には別の特徴があると思います。つまり、比較の際の研究倫理として、他者や他文化への配慮というような自民族中心主義の克服が求められます。

　ドイツの場合、ホロコーストという過去への克服の優等生と単純に見なすのではなく、多次元的に歴史や社会、教育をめぐる現状をいっそう精緻に捉えていく必要があるでしょう。日本を起点とした比較研究としてドイツを扱うことの意味も実はそこにあるのではないかと考えます。

　多層的な次元による比較教育研究については、杉村美紀先生の研究グループが訳出された『比較教育研究：何をどう比較するか』において、ブレイと

トマスによる「キューブモデル」が紹介されています。比較の単位として、ミクロなレベルにおける学級、学校からマクロなレベルにおける国際組織に至るまで比較すること、地理的要素以外の生態グループ（人口、年齢、宗教など）、教育と社会との諸側面（カリキュラム、教育財政、政治変動、労働市場など）の意味が問われています。とかくアジアやアフリカ地域における比較教育学研究の目覚しい発展に目を奪われがちですが、比較の単位を軸に考えるなら、もはや国民国家を基本とするという考え方から脱する必要性があるのかもしれません。コロナ禍は国民国家の論理を浮き彫りにしたわけですが、むしろ、そこにいる一人ひとりの当事者へと意識を向けることが大切ではないかと思います。

　これまでの理論を継承しつつ、新たな比較教育の理論へと発展させるような研究が求められているという認識のもとで、ドイツをフィールドとする研究の意義も、各々の研究者が見出していけると良いのではないでしょうか。現在進めている日独共同研究では、相互の教育研究の交流を通して、新たな知見を導きだすことができればと考えています。

> **Q：平塚賞を受賞された博士論文に基づく単著では、文献研究から質問紙調査、インタビュー調査まで幅広い研究方法を取り入れて書かれていましたが、その理由は何でしょうか**

　複眼的な視点がないと他国出身の研究者には現代地域研究はできないと考えているからです。文献と現状のタイムラグを埋めるためには、現地調査は必要です。

　ドイツでの現地調査の許可を得ること自体、今、さらにハードルが高くなっていますが、博士論文を作成していた当時もかなり厳しかったです。ケルン大学で指導をいただいていた先生に行政管区で公的な許可を得て学校を回るとスムーズだと教えていただき、その許可を取ろうとしたのですが、予備調査を行う必要がありました。予備調査では先行して研究を進めてこられた研究者の方々にお世話になり、担当官の方にも何とかこの調査研究の意義を理解していただくことができました。

調査先の学校（手前は環境保護のための虫の家）（2022 年 8 月 18 日）

調査先の学校での講話（2017 年 2 月 17 日）

助けてくださった方々のご協力があって初めて叶った調査でした。先達から助言を頂くこともとても大事ではないでしょうか。

Q：研究書籍だけでなく、ドイツの実践哲学科の教科書の翻訳を出版されていますが、このような書籍を出すきっかけ、経緯を教えてください

この教科書翻訳を公刊できるまでに、かなりの時間を要しました。1998年に、最初にケルン大学に留学した際に、実践哲学科の教員養成のゼミをお訪ねし、今もお世話になっているヘンケ先生（Roland W. Henke, ボン大学）と出会いました。ヘンケ先生が教科書編成に携わっていらしたことが教科書翻訳のきっかけです。ベルリンを調査で訪問したとき、版元の出版社コーネルゼン社の方と知り合い、実践哲学科の教科書の日本語訳を出版するということになりました。日本での出版を明石書店が引き受けてくださることになり、最終的に『世界の教科書シリーズ』に加えてもらえました。

多数のカラー写真や絵画の版権を確認する必要があり、かなり大変でくじけそうになりましたが、訳者の栗原麗羅さん（東京医療保健大学）と小林亜未

調査先学校の教室（車座になれるベンチがどのクラスにも置かれている）（2016年3月1日）

さん (ハインリヒ・ハイネ大学デュッセルドルフ／コブレンツ・ランダウ大学) にも尽力いただき、公刊に至った時は本当に嬉しかったです。日本での「あたりまえ」を問い直す上で、第二次世界大戦後の価値形成の再構築のあり方を別の形で探ってきたドイツの試みに、今後も注目していければと考えています。

5　学際的な学術研究としての比較教育学研究

Q：濵谷先生にとって比較教育学者とは何でしょうか

　現在、新しく勤務している大学では教育方法学の担当をしています。私は自身を学際研究者だと自認しています。教育方法学研究、カリキュラム研究、教育政策・制度研究、そして地域研究の混合研究ではないかと思っています。このような学際的な学術研究の可能性を高めてくれるのが比較教育学研究ではないでしょうか。日本とドイツ、そしてヨーロッパの比較から、特徴となるような何らかの法則を見いだせる瞬間が一つの醍醐味です。

　国家、言語圏を超えた人と人との交流、各々の言語思考回路を交えた交流が研究の刺激となり、研究を育てて発展させる契機となるところに、比較教育学の魅力があるのではないでしょうか。人生、何が起こるかわからないですが、出会いを大切にして、自分の研究の社会的意義とは何か絶えず問い続けていければと願っています。同僚や研究仲間と一緒に、学生の皆さんとも意見を交わしながら、次の世代へと研究のバトンを繋いでいく役目も担えたら嬉しいです。

6　おわりに

　濵谷先生はインタビューの中で「周りの方々に支えられて」としばしば仰っていました。平塚賞だけでなく、様々な学会賞を受賞され、濵谷先生自身が素晴らしい研究者であるにもかかわらず、常に謙遜されて、「周りの先生方」、「家族や友人の支え」を強調されていたことがとても印象的でした。こうした濵谷先生の人間性が、周りの方々が喜んで協力する、周りの方々を巻き込

む求心力になっていると感じました。そして、それが濵谷先生の研究の礎となって、研究成果という形で社会に還元されているのだとお話を伺って思いました。

　時に、研究は孤独との戦いでもあり、自律した研究者にならなければならないと思いますが、濵谷先生のような謙虚な姿勢で周りに助けを求めることの大切さを知ることができました。

　また、研究はワークであり、子育てはライフであると分けることができないこと、無理に分けない方がよいことを濵谷先生は体現されていました。日々の生活を通して、周りの方々に協力してもらいながら、そこで学んだことを研究に生かして、社会に還元されており、ライフそのものが研究であるとおしえてくださいました。そして、このような固定観念にとらわれない融合的かつ領域横断的な濵谷先生の考え方が、国家や言語などの括りに縛られない、また、一つの研究方法にとらわれない学際的なドイツ研究者としての姿勢につながっていると感じました。改めて、私も濵谷先生の遠い背中を追っていきたいという思いを強くしました。

関連文献

濵谷佳奈 (2020)『現代ドイツの倫理・道徳教育にみる多様性と連携：中等教育の宗教科と倫理・哲学科との関係史』風間書房。
ブレイ，マーク，アダムソン，ボブ，メイソン，マーク編著 (2011)『比較教育研究：何をどう比較するか』杉村美紀 [ほか] 訳、上智大学出版。
ヘンケ，ローラント・ヴォルフガング編集代表 (2019)『ドイツの道徳教科書：5、6年実践哲学科の価値教育』濵谷佳奈監訳、栗原麗羅・小林亜未訳、明石書店。

濱谷佳奈先生のライフストーリー・チャート

学び	ドイツ・ケルン大学 交換留学(1年間)		ドイツ・ケルン大学 交換留学(1年間)
	上智大学 外国語学部 ドイツ語学科	上智大学 文学研究科 博士前期課程	上智大学 文学研究科 博士後期課程

キャリア			非常勤講師 ・戸板女子短期大学 ・上智短期大学 ・河北総合病院付属 　看護専門学校

1990年代	2000年代

博士号取得

専任講師
大阪樟蔭女子大学 児童学部児童学科

准教授
大阪樟蔭女子大学
児童教育学部
児童教育学科

准教授
中央大学
文学部
人文社会学科

2010年代　　　　　2020年代

第8章
小川未空先生に聞く「楽になるための比較教育学」
──ケニアを知り、しんどさと向き合う──

（インタビュー実施日：2022年2月28日、7月26日）

八木　歩

そこにいる人たちを好きになってしまったから、
会いに行きたい。

語り手　**小川未空先生**

聞き手　**八木　歩**

概　要

　海外諸国を対象に地域研究を行う人の多くは「なぜ母国から離れた国のことを研究するのか」と問われた経験があるかと思います。研究者としては、その国を研究する学術的な価値を述べることを求められますが、研究のためだけに関心のない国に没頭できるかと言うと少し難しいかもしれません。厳しく険しい研究の世界に留まってでも挑戦したい、と思えるような理由とは何でしょうか。本章では、日本から遠く離れたケニアの中等教育を研究されている小川未空先生（大阪大学）に、比較教育学者としてケニアをフィールドとする魅力や、キャリア形成の経験を伺いました。小川先生は博士号取得後、研究員を経て、現在は助教を勤めておられます。インタビューを通じて、一直線に見えるキャリアパスの裏に、様々な葛藤や不安があることが分かりました。研究者となられた今でも、研究が上手くいかずに落ち込むことや、将来への不安があると言います。

それでもなお、研究の道を選んだのは、ステレオタイプな価値観に縛られて「しんどさ」を感じていた小川先生が、全く価値観の異なるケニアを知る中で「しんどさ」から解放されたという経験によるものだということがわかりました。知識や経験を相対化し、世界を俯瞰する比較教育学を、小川先生は「私を楽にしてくれる学問」と評しました。単に知的好奇心だけではない、小川先生ならではの研究動機となっていることが窺えます。一方で、エスノグラファーとして現地に長期滞在することも多い小川先生は、ケニアの人たちと時間を共にする中で、家族のような信頼関係を築き上げました。ケニアの何が良いとかではなく、「そこにいる人たちを好きになってしまったから、会いに行きたい」という言葉からは、必ずしも研究のためではない、確かな情熱が感じられました。

1　はじめに

　小川未空先生（語り手）は、ケニアの中等教育をご専門とされており、現在は大阪大学大学院人間科学研究科で助教として勤務されています。同じくケニアをフィールドとする聞き手（八木歩、神戸大学大学院）にとっては尊敬する大先輩であり、学会発表のたびに、多くのアドバイスを頂いています。小川先生の博士論文は『ケニアの教育における格差と公正―地域、学校、生徒からみる教育の質と「再有償化」―』として刊行されており、エスノグラフィーにもとづく臨場感溢れる研究には「いつか自分もこんな研究をしたい」と聞き手を奮い立たせられます。

　小川先生のご経歴は、一言で表すならば「一直線」でしょうか。2019 年 3 月に大阪大学大学院人間科学研究科を修了した後、広島大学大学院国際協力研究科の研究員を経て、2020 年度から現職に就いておられます。本章では、小川先生の一直線のキャリアパスに焦点を当て、研究者としてキャリアを形成するためのヒントを探ります。

2　比較教育学との出会い

　Q：まず、小川先生の比較教育学との出会いを教えてください

(1) 高校時代に感じた「しんどさ」

　もともと私の研究動機は、高校時代に抱いていた違和感やしんどさにあります。今になって振り返ると些細なことですが、私が通っていた高校は進学校とは言い切れない微妙な偏差値の学校で、とにかく校則が厳しい学校でした。そして、当時の私は規則で生徒を縛り付ける教育に違和感を抱いていました。素朴に、純粋に疑問に思っていても、それを言葉にした途端、反抗と切り取られてしまいます。校則を破っては怒鳴られ、トイレ掃除をさせられていました。

　こんな感じで高校時代、素行はあまり良くなかったのですが、漠然と社会問題に関心があって現代社会の成績だけは良かったです。そこで、当時の担任の先生から「公民の先生を紹介するから、個人指導を受けたらどうか」と提案があり、なぜか高校１年生の頃から個人指導を受けていました。何かのトピックについて議論したり、文章を書く練習をしたり、学問の一歩手前のようなことをしていました。なによりその先生は、私の見た目が多少不真面目でも何も言わず、勉強への関心という一点だけで教えてくれていたので、凄く良い影響を受けました。こういう勉強の延長が大学にあるのだとすれば、進学したいと思いました。

(2) 教育を相対化する

　高校卒業後は、広島大学の教育学部に進学して、社会系教科の教員を養成する社会系コースに所属しました。実は社会学を学びたくて進学したので、入学してから「あれ、なんか社会学とは違うな」と間違えたことに気がつきました。しかし、教育学を学ぶ中で「初期社会科」と呼ばれる戦後初めての学習指導要領の理念を学び、そこに込められている思想に感銘を受けました。かつて日本が、戦前あるいは戦中の社会系科目が果たしてきた役割を反省的に捉えて、ガラッと変えたような学習指導要領を生み出していたことに驚きました。デューイの思想など、戦後のアメリカの影響下とはいえ、既存

の当たり前だった内容を一度壊して作り替えた日本の経験を知り、「私が見てきた教育というものは相対化できるのだ」ということを初めて実感しました。そこから、教育学を俯瞰して見ていけるような勉強を続けられたらと思い、大学院進学を考えました。

　大学院は、大阪大学の澤村信英先生の研究室に所属することになりました。澤村先生は著書『アフリカの教育開発と国際協力―政策研究とフィールドワークの統合―』の中で「教育が大切であることは間違いないが、『学校』教育がどのような社会においても重要であるとは限らない」(p.23) と書かれていて、少し学校というものを疑っておられるような印象を受けました。私自身が持つ、「学校教育が普及している国で、学校がどのように捉えられているかを知りたい」という問題意識に近い研究をされていると感じ、澤村先生の下で勉強させてもらいたいと思いました。

3　勢いで飛び込んだケニア

Q：現在の研究フィールドであるケニアとの出会いを教えてください

(1) どこでもよかった初調査

　ケニアとの出会いは学部2年生の時に参加させていただいた広島大学教育開発国際協力研究センター（CICE）のインターンシップです。日下部達哉先生や吉田和浩先生、当時センター長の黒田則博先生、研究員として勤務されていた大塲麻代先生や西向堅香子先生などのご指導を頂きつつ、ケニアの大学生と広島大学の学生で交流イベントを企画していました。交流イベントはケニアで行われて、私も同行しました。しかし、この時点ではケニアを研究するという強い気持ちはありませんでした。

　大学院に進学してから、私一人でも調査ができそうな対象国を考えた時に、知っている人が居た方が良いと思い、交流イベントで知り合ったケニア人一人一人に Facebook Messenger で「ケニアの学校について知りたいです」と連絡しました。そして、その中で、一番丁寧に返信をくれた人を頼ってケニアに行きました。本当に、ケニアに対して強い思い入れがあったわけでもなく、

最初はどこでもよかったというのが正直なところです。

　初調査は、修士1年の夏でした。当時の私は不出来な学生だったこともあって、周りの先生方からは「今行くのは早い」と言われていたのですが、それを振り切って勝手に行きました。そして実際、自分のケニアに関する基礎知識が足りていないことに気づいてすごく悔しい思いをしました。もちろん先行研究のレビューなどは進めていましたが、現地のニュースやローカルな言葉を全く理解できませんでした。ごく簡単な知識も持っていないことで、自分がどのように見られるのかが決まってしまいそうで、反省というか、恥ずかしくなりました。それからは、調査地を理解していくことが必要と思い直

調査を重ね、生徒とは友達のような関係に（2015年）

し、日本にいる間もケニアのニュースをチェックするようにしました。そうすると1回目の調査よりも2回目の方が手応えを感じますし、2回目の調査なりのデータが得られます。そういう変化を感じる中で、ケニアで研究を続けていくことを決めました。

Q：小川先生は、エスノグラフィーを中心とした研究をされていますが、ケニアの地でフィールドに浸かることの魅力を教えてください

(2) 何者でなくても助けてくれる

　1回だけ、ケニアの調査地をNGOのスタッフとして訪問したことがあります。その時に感じたのは「自分が何者であるか」という自己紹介が簡単だったということです。「私はNGOのスタッフである」と伝えると「この人は私のことを助けてくれる」という形で受け入れてもらえます。フィールドに入る時に、何らかの理由や立場があるのは便利というか、楽だなと思います。しかし、彼らから「助けてくれる人」として何かを期待されているような眼差しを感じると、私がやりたいこととは少し違ったような印象を受けました。

　一方で、研究者としてケニアに行く時には、最初はとにかく何者でもなくて、役割を説明するのは難しかったと思います。フィールドにいるときの私は、「ケニアの教育をより良くしたい」という考えを持っているわけでもありません。ただ、何者でなくても、場を共有することで周りの人が助けてくれると言いますか、私の存在理由を探してくれました。学校での調査時には、生徒からの質問を受けることもたくさんありました。日本についての質問もありましたし、私は広島出身なので、原爆に関心を持つ生徒も多かったです。逆に、生徒も私のことをスワヒリ語の勉強をしに来たと思っているので、スワヒリ語を教えてくれて、友達のような関係でした。私という存在を有効活用してくれるようになったので甘えさせてもらったという感じです。調査を重ねるうちに「毎年定期的に来る外国人」として居場所が与えられたと思います。

(3) 浮かぶのはケニアの人たちの顔

　少なくとも回数を重ねることは重要だと思います。私がいつもお世話に

世帯訪問での調査はとにかく歩く（2016 年 9 月）

中等学校の授業中の様子（2018 年 3 月）

なっている家族がいるのですが、そこのお母さんが6回目か7回目かの訪問の時に初めて自分の過去の話をしてくれました。信頼関係は作ろうと思って作れるものではないので、やはり時間を共有することが必要なのかなと思います。私はよく、一緒にご飯を食べたり、歩いたりしていました。とくに、生徒とは登下校で一緒に歩く時間がありましたが、そういう時が信頼関係を作るのに良い時間だったのかなと思います。いわゆるインタビューではないところで、時間を共有していくことが大事だったのかなと今になっては思います。

　やっぱり思い浮かぶのはフィールドの人たちの顔です。お正月に親戚に会いに行く感覚で、定期的にフィールドの人に会いに行くのが楽しみになっています。結局は、アフリカの、ケニアのこれが面白いとか、そういうことではなくて、ただそこにいる人たちを好きになってしまったから、会いに行きたいという気持ちです。

4　一直線のキャリアパス

> Q：小川先生のご経歴からは一直線にアカデミック・キャリアを進んでこられた印象を受けますが、不安や葛藤などはなかったのでしょうか

(1) うまくいかずに悩んだ学生時代

　修士の2年間は、研究以外のことをやる余裕がありませんでした。私は修士1年、2年とすごく出来が悪くて、研究発表しても何をしても同期に比べて明らかに質が低かったです。これは自分でも感じていたし、先生にもはっきり言われていたことでした。それで、ちょっとムキになったというか、低い評価のまま続ける現状を変えなければと思っていました。修士課程の頃は目の前にあることに必死で、自分の将来を考える間もありませんでした。修士2年の終盤、「良くなってきた」と先生から評価を頂いて、博士課程に進学しました。日本学術振興会の特別研究員として、財政的な支援を受けることはできていたので、もう3年、大学院に所属しながら、やりたいことを考

えようと思っていました。

　博士課程は全体を通してしんどいので、そこに至るまでに、本当に学位取得を目指すかは、冷静に考えた方が良いと思います。私は博士3年の時に一番深く悩みました。3年間の成果を博士論文としてまとめる作業は、査読論文を書くのとは違うスキルが必要で、なかなかうまくいかない部分でした。精神的にも苦痛でしたし、先々就職できるだろうかという不安もありました。

(2) 初期キャリアとワークライフバランス

　助教の任に就いてからも忙しく、研究員の頃と比べると研究に充てる時間は減ったように思います。ただ、授業準備や会議を気分転換と思えば、効率はアップしているかもしれません。結局、1日のうちで研究に集中できる時間も実はそんなに長くないのかなとも思っていますし、就職をしたから研究する時間がなくなったというふうには感じていません。

　一方で、ライフとの関わりで言えば、妊娠から子育てを始めた頃に無理をできない時期があり、研究が思うように進んでいませんでした。自分のお腹の中に、無理をしたら死んでしまう存在がいることの恐ろしさが強くありました。また、薬が飲めないなど妊娠期特有の制約もあるので、〆切前に無理して頑張って、体調を崩したら薬を飲んで、少しゆっくり休んで、という以前のような無茶ができなくなっていましたね。

　去年(2021年)、子どもが0歳前半の時には、週末になると必ず私か家族の誰かが体調を崩していたので、学会発表の予定を入れるのも恐かったです。学会発表を見据えて研究を進めていた私にとっては、ペースメーカーを失ったような感じで、思うように研究時間が取れなかったと思います。

　研究者は良くも悪くも公正に業績で評価されます。私自身、子育てを言い訳にしたくはないですが、研究との両立に難しさを感じるところはあります。しかし、『女も男もフィールドへ』という本を読んだ時に、生後4ヶ月の赤ちゃんを連れてナイロビに行った話など、子どもを連れたフィールドワークの体験談が多く載っていて、いろいろな両立の仕方があっていいんだと、気持ちが少し楽になりました。

(3) 研究者を目指すということ

　私自身、研究者としては若手ですし、今なお「研究者でいいのか」「このままやっていけるのか」という将来の不安があります。ただ、研究の面白さと奥深さ、何より関わる人たちのすごさ。周りに自分の尊敬する人たちがたくさんいる環境で仕事ができることは貴重だと感じています。もちろん、今でも査読に落ちた時は落ち込みますし、研究がうまくいかないと「自分はなんてダメなのだろう」と思うことはあります。それでも周りの人が引っ張ってくれる。そういう環境を持ち続けることができるのは研究者のメリットだと思っています。できることなら、この道で進みたいというのが今の気持ちです。

　ただ、活躍している多くの研究者は、非常に強い心を持っていたり、並々ならぬ努力をされていたり、いわゆる生存バイアスがかかっているとも思っています。道半ばにして研究をやめた人が大勢いるというのも事実です。今の修士や博士の学生にとっても、必ずしも研究者が正解というわけではないですし、必ず乗り越えなければならない壁でもありません。もしも、不安や苦痛で辞めたいと思えば、辞めてもいいかなと思っています。とにかく、無理をするとよくない、というのが私の思うところです。

5　学校の「しんどさ」の先に

Q：最後に、小川先生にとって、比較教育学とは何かを教えてください

　校則に疑問を持っていた高校時代、当時は知識も言葉も持っていませんでした。だから「型にはまることを覚える練習なのだ」と自分を納得させて学校に行っていました。「うまく規則を破る練習」とか「大人をある程度欺く練習」とか、そういうふうに解釈しないとやっていけませんでした。今でこそブラック校則の議論は盛んになっていますが、例えば「髪の毛は黒にしなければならない」というのはステレオタイプな日本人像から生まれる発想ですよね。

　今はケニアのことを研究していますから「ケニアではこうだ」ということを知ると自分が楽になるという感覚があります。教育分野に限らず、日常生

活の中でステレオタイプから生まれる考え方や価値観に出会った時に、「いや、そういう考え方を持つ人もいるけれども、そうじゃない考え方も他にはある」と自分の経験を相対化できるのが比較教育学だと思います。比較教育学は「私を楽にしてくれる学問」です。

6　おわりに

　冒頭、小川未空先生のキャリアを「一直線」と表現しました。しかし、インタビューで語られた、研究者に至るまでの葛藤や将来の不安から、「一直線」にも裏側や奥行きがあることに改めて気づきました。そして、小川先生が不安を乗り越え、研究者に至った裏側には、高校時代から感じていた「しんどさ」がありました。ケニアを深く知ることで「しんどさ」から解放されていく。小川先生だからこそ気付くことができた比較教育学研究の魅力なのだと感じます。また、「ただそこにいる人たちを好きになってしまったから、会いに行きたい」という小川先生の言葉からは、研究者としてではなく、一個人としての確かなフィールド愛が窺えます。人それぞれ、研究の動機はあると思いますが、独自の目標や情熱、使命感を持つことで、迷いながらも、研究者として前を向いて進めるのだと学びました。

　小川先生へのインタビューは、定量研究を専門とする聞き手にとっては大変緊張する公開セッションでした。小川先生には、後日、フォローアップのインタビュー（7月26日実施）を快諾いただき、その際には聞き手の研究へのご助言までいただきました。この場を借りて、御礼申し上げます。

関連文献

小川未空（2020）『ケニアの教育における格差と公正―地域、学校、生徒からみる教育の質と「再有償化」―』明石書店。

澤村信英（2007）『アフリカの教育開発と国際協力―政策研究とフィールドワークの統合―』明石書店。

椎野若菜・的場澄人編（2016）『女も男もフィールドへ』古今書院。

小川未空先生のライフストーリー・チャート

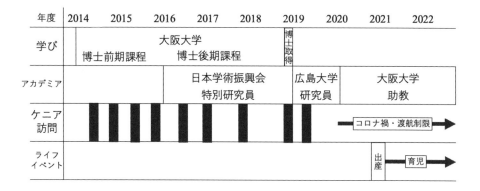

第9章
タイにしがみついてきた牧貴愛先生
──フィールド愛が教育の地域研究を育む──

（インタビュー実施日：2021年10月4日）

須藤　玲

僕からタイを取ったら何も残らない。

語り手　牧　貴愛先生

聞き手　須藤　玲

概　要

　比較教育学は読んで字のごとく、教育を比較する学問ですが、現在、日本比較教育学会に所属する先生の多くは、特定の国や地域の教育の研究を行っています。こうした「教育の地域研究」を行う上で求められるものは何でしょうか。また外国の教育研究というものを、別の角度から見ると、ニッチな研究に取り組んでいるとも捉えることができます。ある国や地域の教育の研究に特化する上で、キャリア面ではどのような悩みに直面してきたのでしょうか。本章では、タイをフィールドに教育の地域研究を行う広島大学の牧貴愛先生に、研究手法やこれまで直面してきたキャリア面での悩みについて伺いました。インタビューを通して浮き彫りとなったのは、牧先生のタイに対する並々ならぬ「フィールド愛」でした。その核心部分には、タイのことをもっと知りたいという思いがあり、タイ人よりもタイの教育について知っている者になるべく、研究手法において

は、教育現場の実態を把握する「虫の目」と、政策や法律に精通する「鳥の目」の両視点を持つことを重視しています。他方で、牧先生の大学教員としての初期キャリア時代には、それまでの大学院時代の研究に集中できる研究環境と異なり、時間的な制約によってタイへの現地調査等が困難な状況が続き、タイ研究の存続の危機に直面していました。牧先生は、この初期キャリア時代を振り返って「タイにしがみついていた」と回想しています。しかし、牧先生はこうした状況を「楽しみながら、もがけた」とも振り返ります。ニッチな研究を行うが故に直面するキャリア上での悩みを乗り越え、現在もタイ教育の研究を続けることを可能にしたのは、牧先生のタイに対する「フィールド愛」でした。

1　はじめに

牧貴愛先生（語り手）は、タイの教師教育に関する研究がご専門で、博士論文をもとにした『タイの教師教育改革－現職者のエンパワーメント－』（広島大学出版会、2012年）を単著として出版されています。研究キーワードは、タイ地域研究、教師教育、比較教育学で、主として地域研究のアプローチを重視されています。また牧先生のご研究は、タイをフィールドとした研究に留まらず、アジア・アフリカ地域における教師教育研究へと広がりを見せています。他方、牧先生は現在の広島大学での教員に至るまで、様々な形の職務（特定事業研究員や教育研究補助職員、講師）を経験されています。多様な経験を持ち合わせている牧先生へのライフストーリー・インタビューから、研究手法をはじめとする研究観や比較教育学の学問観を伺います。

聞き手（須藤玲、東京大学大学院）は、東ティモールの教授言語問題について研究しています。語り手と聞き手は、日本比較教育学会若手ネットワーク委員会（Y-Net）の委員と学生会員代表という関係にあり、本書編者の鴨川明子委員長（山梨大学）と共に、様々なイベントの企画等でご一緒している先生の一人です。牧先生と筆者の共通項の一つは、その研究対象国・研究テーマの「ニッチ」さが挙げられます。こうしたニッチな研究を行う上での面白さや難しさ、キャリア形成のヒントをライフストーリーから探ります。

2　比較教育学、フィールドとの出会い

Q：タイというフィールド、そして比較教育学という学問分野との出会いを教えてください

　タイと出会った直接のきっかけは、学部 2 年の時に参加した日本語教育のボランティアです。学部は熊本県立大学の総合管理学部で、国際関係論やASEAN 研究をされている先生のゼミに所属していました。その先生の下で、アジア太平洋諸国の学生交流プログラムに参加させて頂いたり、ゼミの海外研修で東南アジアに連れて行って頂いたりしたことで、アジアの中でも、特に東南アジアに惹かれていきました。ゼミの先生からは、「タイ」と付いているものは全部読むようにアドバイスいただき、様々な文献を探している中で、馬越徹先生 (名古屋大学名誉教授) の編著『現代アジアの教育―その伝統と革新―』(東信堂、1989 年) を見つけました。この本の中に、村田翼夫先生 (筑波大学名誉教授) がタイの教育について書かれており、無自覚でしたが、こうした外国の教育について研究を行う学問の一つに比較教育学という領域があることを知るきっかけになりました。

　本格的に比較教育学を学ぶようになったのは、名古屋大学 (修士課程) から

日本語教育ボランティア時代の授業の一コマ (1999 年 1 月)

広島大学(博士課程)に移り、比較教育学の研究室に所属することになってからです。折に触れて、日本比較教育学会の学会誌掲載論文を読んでいましたが、その中で、市川昭午先生(国立教育政策研究所名誉所員、国立大学財務・経営センター名誉教授)の「比較教育再考」や、その論文で触れられていた馬越徹先生の「教育の地域研究」と出会い、比較教育学にぐっと引き込まれました。

3　タイをもっと知りたい

Q：これまで用いられてきた研究方法とそれに至る経緯を教えてください

　まずは、タイの教育について村田翼夫先生や森下稔先生(東京海洋大学)、野津隆志先生(兵庫県立大学名誉教授)といった錚々たる先生方の論文を、とにかく集めて読んでいました。他方で「今、学校は実際どうなっているか？」が知りたいという気持ちをずっと持っていました。幸運にも、修士課程在籍中に、チュラーロンコーン大学へ11カ月間の留学の機会を得ました。留学の後半は、タイの地方の学校をこの目で見たいという思いから、地方に引っ越しました。その頃は、地方の小さな学校が、どのような問題を抱え、どのようにしたら子どもたちも含めて、楽しい学びの機会が実現できるか、という素朴な問いを持っていました。学部時代の日本語のボランティアの時にお世話になった校長先生のご自宅に、半年間居候させてもらい、近くの学校に毎日通いながら過ごしました。

　しかし学校に行ったものの、先生方が何を話されているか分からない。ちょうど新しいカリキュラムが導入された頃で、先生たちがその話題について話していらっしゃるのだけど、話についていけない。法律やカリキュラムの内容をしっかり読んで理解してないと、先生方と話ができないのだと大いに反省しました。こうした経緯もあり、博士課程の時は、タイの教育省で訪問研究員として8ヶ月間受け入れてもらい、関連する法律や政策文書をひたすら集めて読んでいました。

Q：タイの教育研究の中で、なぜ「教師」に着目されたのですか？ また、これまでの研究活動を通して学んだ、牧先生の研究観について教えてください

　教師に着目した理由ですが、自分の中のある種のコンプレックスがあったからかもしれません。学部時代には教師になりたいと思いつつも、教職課程を履修していませんでしたし、とることを諦めました。しかし、教師が持つ可能性は大きいとどこか盲信していたところがあり、教師に着目しようと思いました。実際に、タイの教師に課題があることは、当時の新しく導入されたカリキュラムや、学校と地域との連携などについて扱った先行研究においても、多く指摘されていました。しかし、教師の問題について、タイの先生方や研究者にいろいろと聞きましたが「教師の問題は難しい」という回答ばかりでした。その理由の一つとして、タイの教師教育に関わる政府の部局がたくさんあり、さらにそれらが縦割りになっている。そのため、このテーマについて調べるには、一つずつ部局に赴き、各部局で行われている教師教育に関する情報収集を行い、最終的に自分で横断的につないでいく必要があるということだったと、着手してからその難しさを実感しました。

　しかし、タイ人研究者やタイ人教師に、トピックとしての難しさを指摘されればされるほど、私は余計にやる気が出てしまい、このテーマに取り組む過程で「タイ人よりタイ人らしく」ならないといけないのだと気づきました。ただし、聞き取り調査の際には、知らないふりをするというと語弊があるかもしれませんが「何も知らないので教えてください」と教えを乞う姿勢を大事にしています。

　それから最近、いくつか共同研究にお声がけを頂いたことが、タイをもっと知ることにつながっていて有り難く思っています。たとえば、大塚豊先生（福山大学）の共同研究では、タイにある華僑・華人が創った大学について調べる機会をいただきました。タイはかつて反共政策をとっていたので、中国関係のものに対して一時期、非常に弾圧した時代があったのですが、そうした背景がありながらも、華僑・華人が創った私立大学が継続的に運営されていることに興味をひかれました。この研究を通して、タイにおける華僑・華

華僑報徳善堂・薫事長ウィチアン・テッチャパイブーン氏へのインタビュー調査（2019 年 7 月 30 日）

人のプレゼンスの大きさを感じると同時に、それまで自分が見ていたタイとは別の新たな一面が見えてきました。また、澤村信英先生（大阪大学）の共同研究では、教育格差に着目することでタイの新しい姿が浮かび上がってきました。私のこれまでの教師教育研究の根底には「タイって何だろう」という素朴な問いがありましたが、様々な研究を通して、タイがどんどん多面的に見えるようになって、それが面白いというか、原動力になって研究の広がりを支えているのではないかと思います。

4 「下積み」時代の葛藤と気づき

Q：様々なキャリアを経てこられたと思いますが、その中で得られた学びについて教えてください

　初職は熊本大学の研究員でした。しかし、タイ教育の研究とは大きくかけ離れた、e ラーニングの専門家を育てる大学院でした。そこでは、インストラクショナル・デザイン（教育設計学）という未知の専門分野に触れる機会を頂きました。教育設計学に触れた経験は、最近では国際協力機構（JICA）の研修設計や、大学の講義シラバス作成といった場面で大いに活きています。

　その後、広島大学で1年間、教育研究補助職員、平たく言えば事務職を務めたこともあります。同窓会名簿の編纂など色々な業務に携わる機会を頂きました。同窓会名簿は、長田新先生や、恩師（大塚豊先生）の師匠である沖原豊先生（広島大学）など錚々たる先生方が連なる約2,000人の名簿で、全員の氏名にふりがなを付ける索引を頑張ったことはいい思い出です。昔の人の名前はとても難しかったですし、数も多くて涙が出そうでした。

　そして2012年4月、別府大学の教職課程の教員として採用されました。初めて教職課程を担当しました。教職概論や道徳教育の指導法、教育制度論、教育原論などの講義の他、私自身、教育実習の経験がない中で、教育実習の指導を担当させてもらう機会も頂きました。何より、日本の教育についてほとんど知らなかったものですから、教職のテキストを読み漁りました。この時の経験も、やはり今に活きていると思います。今の勤務先は、留学生が多いこともあって日本の教育のことをしばしば尋ねられることがありますし、JICAの研修でも日本の教育行政や教育課程の話をする機会があるのですが、そうした時に教職テキストから得た知識、何より実際に教員養成に携わった経験に助けられています。

　ただし、当時は大変に感じていたことばかりで、それが、先々役に立つと思って取り組んではいませんでした。恩師によく愚痴を聞いてもらっていたのですが、ある時、恩師から「何事も勉強」「大学教員は総合職」の二つの言葉を頂きました。振り返ってみると、おっしゃる通りだと思います。その当時、頑張ったことが、今に活きている。「私は研究しかしません」というスタンスでは一緒に働きたい、研究したい、と思ってもらえる機会は限られてくるかもしれませんね。「何でもやります」という姿勢、そしてどんな仕事であっても楽しめることが大切だと思います。

Q：様々な経験を積む一方で、タイの教育研究者として抱えていた葛藤や、その葛藤を通じて得られた気づきについて教えてください

　一番難しかったのは時間ですね。別府大学で教職課程の教員として働いていた時に感じました。大学院生の頃は自分の研究に割ける時間がたくさんあ

りましたが、大学教員として働き始めると授業、会議、入試などがあります
から研究に割ける時間が短くなります。教職課程の場合は、夏休みには介護
等体験や教育実習の巡回指導をしたり、春休みは教員採用試験の対策講座な
どを行ったりという感じだと思います。一度だけ、2泊3日でタイに調査に
出かけたことはありましたが、やはりできることが限られていて難しさを痛
感していました。フィールドに行くまとまった時間が取れない、教育と研究
の葛藤のようなものを抱えていました。

　「ああ、もうタイの研究をやっていくことが難しいかも」と思ったことも
ありました。当時、別府大学では教職実践演習という科目が始まった年だっ
たので、「日本の研究をしたらいいのかな」と思いかけていた時もありました。
しかし「タイを取っちゃうと自分には何も残らないな」とも思いました。タ
イについて博士論文まで書いていたので、それから別のことを研究するとい
うのもなかなか難しかったです。「タイを取ると自分ではなくなってしまう」
「もうタイしかない」という感じで、タイにしがみついていました。

5　比較教育学者は冒険家

Q：牧先生の考える比較教育学者とはどういうものか、また指針となっ
　　ているバイブルについて教えてください

　『比較教育学研究』の第57号の特集論文において告白したとおり、比較教
育学者は、新しい測量点を拓く研究者という点から「冒険家」ではないかと
考えています。先行研究の上に研究を積み重ねるという、いわば「登山型」
の研究ももちろんあると思いますが、私はどんどん新しい領域を切り拓いて
いく精神性を比較教育学者は持っているのではないかなと思っています。タ
イ以外のフィールドを切り拓くということはなく、タイの中でも新しい問い
のフィールドが存在していて、それをどんどん拓いていくという感じです。

　こうした冒険家としての比較教育学者を掲げるうえで、私が指針としてい
る論文が2つあります。ひとつは大塚豊先生の「方法としてのフィールド」、
もうひとつは馬越徹先生の「「地域研究」と比較教育学―「地域(areas)」の教

ナコンシータマラート・ラーチャパット大学での入試制度とへき地教員養成についての聞き取り調査
（語り手は写真左から2番目、2022年10月10日）

育的特質解明のための比較研究―」です。私の研究の立ち位置として教育の
地域研究を大事にしたいので、迷った時には、いつも読み返しています。

6　おわりに

　牧先生へのインタビューを通じて「フィールド愛」の重要性が伺えました。
それは次の二つのエピソードから伺うことができると思います。一つ目は、
教育の地域研究を行っていく上で求められる精神性に関するエピソードです。
牧先生はこれまでの研究経験を踏まえて、タイ人よりもタイの教育のことに
精通すること、そのためには、鳥の目（マクロレベル）と虫の目（ミクロレベル）、
双方の緻密な把握が大切であることが伺えました。しかし、若手研究者が学
ぶべきは、教育の地域研究を行うための具体的な研究の方法論よりも、む
しろ「タイとは何か」という素朴かつ核心的な問いを持ちながら研究を行う、
牧先生の姿勢ではないでしょうか。こうした牧先生の研究姿勢は、2022年
の夏、聞き手が牧先生とバンコクで食事にご一緒させていただいた際におっ
しゃっていた「どこまでいってもタイですよ」という言葉からも伺うことが

できました。これまでのインタビューやお食事での会話を通して、タイのことをもっと知りたいという好奇心の根っこにあるタイ（フィールド）への愛の大きさに触れたように思います。東ティモールの教育について生涯関わり続けたいと考える聞き手にとって「フィールド愛が、教育の地域研究を育む」という牧先生のメッセージは、とても示唆に富むものでした。

　二つ目は、ニッチなフィールドを研究しているがゆえに直面するであろう、時間的な制約にまつわるエピソードです。牧先生は、これまでのキャリアを通して、大学院時代の自分の研究に集中できる「制約なし」の研究環境と、大学教員などで教鞭を取りながらの「制約あり」の研究環境の葛藤を経験されていました。これは牧先生だけでなく、多くの外国教育研究を行う比較教育学者が共通して直面する課題です。その中でも、あまり取り上げられることが少ない国や地域を対象に研究を行っている者にとって、その研究フィールドの「ニッチさ」ゆえに、自身の研究と大学教員等での職務を直接的につなぐことに難しさを感じたり、より制約がある中で研究を行う必要があったりする研究者も少なくはないと思います。牧先生のライフストーリーでは、こうした葛藤の中でも、タイにしがみついていた過去を告白してくださいました。研究員や事務職員、講師といった、いわゆる下積みの時代における自身の研究の存続の危機に直面しつつも、牧先生自身は「楽しみながら、もがけた」とおっしゃっていました。「僕からタイを取ると何も残らない」という牧先生の言葉は、学生時代に育んだタイへの深い「フィールド愛」が基盤になっていることが伺え、若手研究者が学ぶべき点だと強く思いました。

関連文献

馬越徹（1992）「「地域研究」と比較教育学―「地域（areas）」の教育的特質解明のための比較研究―」『名古屋大學教育學部紀要』第39巻2号、21〜29頁。

大塚豊（2005）「方法としてのフィールド」『比較教育学研究』第31号、253〜263頁。

牧貴愛（2018）「一国研究または「教育の地域研究」における研究枠組みの構築―タイ教師教育研究を振り返って―」『比較教育学研究』第57号、4〜12頁。

牧貴愛先生のライフストーリー・チャート

1995	2000	2005

学び

1997-2001
熊本県立大学
総合管理学部
総合管理学科

2001-2004
名古屋大学大学院
国際開発研究科
国際開発専攻
博士課程前期

2004-2008
広島大学大学院
教育学研究科
博士課程後期

ワーク

20代

2010	2015	2020

2008-2010
熊本大学大学院
社会文化科学研究科
教授システム学専攻
特定事業研究員

2011-2012
広島大学大学院
教育学研究科
助教

2012-2014
別府大学
文学部（教職課程）
講師

2010-2011
広島大学大学院
教育学研究科
教育研究補助職員

2014-現在
広島大学大学院
国際協力研究科／人間社会科学研究科
准教授

30代　　　　　　　　　　　　　　　　40代

コラム
比較教育学者の「土産話」

田島夕貴

　第3回インビジブル・カレッジ・セミナー（ICS）でご登壇いただいた大塚豊先生の「スーツケースの半分以上がお土産」という言葉をきっかけに、第4〜8回のICSでは、先生方がフィールド調査に持参されるお土産についてお伺いしました。比較教育学者にとって、海外のフィールドへ出かける際には何を持っていくか、しばしば頭を悩ませるお土産ですが、悩んで選ぶものだからこそ素敵なお土産になるように思います。

　次の表は、先生方の土産話をまとめたものです。考え抜かれた、興味深いお話を聞くことができました。

表1　持参されるお土産一覧

カテゴリー	選ばれるポイント	具体例
食べ物	• かさばらず、重くない • 抹茶味、あんこが入っていない • 個包装で内容量が多い • 長時間の移動でも溶けにくい	• 饅頭 • その土地の名物のお菓子 • シュウマイ
大学グッズ	• 大学の業務としての出張時	• 文房具 • 大学のロゴ入りお菓子
日本を感じる小物	• 和風の素材でできている • 和風のイラストが描かれている	• 和紙を使用した小物 • 漆塗りの小物入れ • イラスト付きポーチ • 湯呑み
便利グッズ	• 100円ショップや300円ショップで購入できる • 現地で手に入りにくいが比較的安価 • 多機能	• エコバック • パンプス用靴下 • ライト付きボールペン

アカデミックな「お土産」	・ 研究成果物 ・ 現地に還元できるもの	・ モノにこだわらないお土産 ・ 著書 ・ 日本の子どもや学校に関するプレゼンテーション

(1) 食べ物

　食べ物やお菓子という意見を伺うことができました。大塚先生はもみじ饅頭を持参されるそうです。濱谷先生も、新しくお世話になる学校には、京都名物のお菓子を持参されていました。抹茶味、あんこの入っていない物、個包装、数が多く入っているもの等、お菓子ひとつでも多くの条件があるように思います。

　杉村先生は、検疫や相手の国の文化に失礼に当たることがないようにとの前提がありながらも、中国在住の日本人の方に、横浜名物のシュウマイを渡されていました。現地で食べることができないものだったため、非常に喜ばれたとのことでした。

　芦田先生も初対面の方には、持って行く途中や暑い場所でも溶けないお菓子を持参されていました。小川先生は、チョコレートを持っていったことがあるそうですが、現地の気温が高く、バスの中で溶けてしまったそうです。移動時間が長い場合には溶けにくいものを持っていく、日本特有すぎない食べ物など、先生方の工夫を垣間見ることができました。

(2) 大学グッズ

　大塚先生、杉村先生、福留先生、濱谷先生からは、所属大学の名前の入ったグッズという意見を伺うことができました。最近は、大学グッズも充実しているとのことで、ボールペン等の文房具や、ロゴの入ったお菓子などがあげられました。コンパクトかつ、一目で誰からのお土産かわかるという点が良いのかもしれません。

(3) 日本を感じる小物

　杉村先生、山田先生は、和紙や漆塗りの小物、富士山や花魁のイラストが描かれた小物を渡したことがあるとのことでした。また、福留先生は、マグカップではなく湯呑みを選ばれていました。食べ物と同様、日本的なものを

お渡しすると喜ばれるというお話を伺うことができました。

(4) 便利グッズ

　小川先生、山田先生からは、多機能で便利な雑貨類を教えていただきました。小川先生はコンパクトに折りたたむことができ、鞄などにぶら下げることもできるエコバックを持っていくとのことでした。また、ケニアでは、靴下は子どもが履くものだと考えられており、女性が靴下を履くことは少なく、素足でパンプスを履いて靴擦れを起こすため、パンプス用のフットカバーも喜ばれたとお話を伺いました。山田先生は、ライト付きなどの多機能ペンが喜ばれたそうです。

　両先生とも共通して、100円ショップや300円ショップでお土産を購入されています。小川先生の「ワンパターンな人だと思われたくない」とのコメントや、山田先生の「何パターンか用意している」というコメントからも、100円ショップや300円ショップで購入できるものは、安価であるにも拘わらず、質の高さやバリエーションの豊かさから、特に女性の先生が利用されている印象を受けました。

(5) モノにこだわらないアカデミックな「お土産」

　福留先生からは、モノではないお土産についてお話を伺いました。アメリカへお土産を持っていく時に「日本人は気を遣ってくれる」と言われて、「アンビバレントな気持ち」になるそうです。つまり、日本人として、アメリカから先進的なものを学ばせてもらっているという姿勢になり、現地の人たちが得るものが無いと感じられていました。そのため、「アメリカに勉強させてもらいにきました」という日本人のメンタリティではなく、相手に何かこちらから提示できるような研究資料や、その時のテーマに応じて「日本の場合はこうなっています」と伝えることができるような「アカデミックなお土産」を持っていきたいというお話しを伺いました。

　相手から「なるほど」と思ってもらえるようなものを持って行く、それまで伺ってきた土産話とは一線を画すものでした。福留先生もご自身の中で明確な答えがあるわけではないそうですが、そういうことができるようになると、本当の意味で、比較教育学に近づくことができるのではないかとおっ

しゃっていました。

　現地調査中に第8回ICSに登壇いただいた濱谷先生からは、長く関わりのある学校には、「成果物を持っていけるようにしたい」とのことで、ご自身の著書をお土産として渡されていました。また、日本の子どもや学校教育に関するプレゼンテーションを依頼されたことがあるというお話しも伺いました。その際には、子ども達が喜んで聞いてくれる内容を悩みながら企画し、クイズ等も盛り込んだプレゼンテーションを実施されたとのことでした。

　以上、お土産には、フィールドの特質や渡す相手などに合わせた工夫が見られました。多くの先生方に共通して見られたのは、カウンターパートへのスペシャルなお土産か、調査対象者へのお土産かという渡す相手との関係性や、大学業務としての出張か個人の出張かという、現地に入る際の立ち位置などが判断基準となっているように思います。

　本トピックについて、大塚先生や福留先生からは「難しいのでぜひ情報交換をしましょう」「ぜひ皆さんと一緒に考えていきたい」とのコメントもいただいており、今後、若手の中でも検討していきたいトピックのひとつになりました。

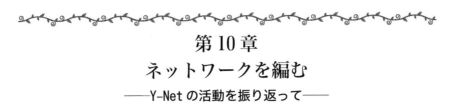

第10章
ネットワークを編む
──Y-Net の活動を振り返って──

須藤　玲

概　要

　日本比較教育学会若手ネットワーク委員会(Y-Net)は新型コロナウィルスの世界的な感染拡大という状況下で生まれました。特にこれからフィールドに赴いて研究を行おうとしていた大学院生や、研究ネットワークを拡げようと思っていた若手にとって、コロナ禍では研究活動だけでなく、学会大会等で本来行われる情報交換やネットワークの構築も制限され、厳しい状況にありました。こうした状況の中で設立された Y-Net は、学会内の若手のネットワークを拡げるために、オンライン形式での様々な活動を行ってきました。これまでの Y-Net の活動は、あえて大規模なイベントを開催せず、インビジブル・カレッジ・セミナー(ICS)のように、比較的小規模かつ関心のある人々が自由に参加できる場を意識して設計されてきました。こぢんまりとした場だからこそ、そこでつながるネットワークは濃密なものとなっています。筆者は Y-Net の学生会員代表として、同委員会の設立からイベントの運営に携わってきましたが、コロナ禍で博士課程をスタートさせ、様々な困難に直面した若手の一人でもあります。本章では、学生会員代表の立場から、Y-Net の設立の経緯と、ICS をはじめとするこれまでの活動を、ネットワークの観点から振り返り、本委員会が果たした役割と今後の可能性について考えます。

1　コロナ禍における日本比較教育学会による若手支援

　2020 年に起こった新型コロナウィルスのパンデミックは、比較教育学を学ぶ大学院生、そして若手にとって大きな打撃となりました。しかし、これこそが日本比較教育学会の若手ネットワーク委員会(以下、Y-Net)が設立され

た直接的なきっかけであったとも言えます。

　それまで当たり前と思っていた対面での大学での学びは、オンラインへと代わり、大学内での顔を合わせながらの学生交流は大きく制限されました。日本比較教育学会に所属する若手会員には、外国の教育研究を行っている会員が多いために、国外への渡航制限によって、海外での調査研究が行えず、研究の見通しも立たない状況に直面した人が多かったように思います。特に院生を含めた若手にとっては、開催されるのが今まで当たり前と思っていた重要な交流の場、日本比較教育学会の全国大会（第 56 回大会）が中止となってしまい、貴重な研究ネットワーキングの機会が失われました。

　こうした中、日本比較教育学会の研究委員会が、2020 年 9 月にオンライン講座「ウィズコロナ時代の研究をどう進めるか？」を開催してくださいました。この講座では、現地調査が困難な中で、どのような研究ができるかについて、様々な先生方が可能性を示してくださいました。その後、全国大会の中止によって学会発表ができなかった若手（特に院生）のために、同研究委員会の先生方、学会事務局の先生方、そして学生会員有志の連携によって、「JCES（日本比較教育学会）2020 年度公式研究発表会」が 2020 年 12 月 13 日に開催されました。この研究発表会では、院生の発表の場を確保するという目的だけでなく、オンライン形式の「院生自由交流会」が行われ、若手にとって非常に有意義な機会となりました。

　このように、コロナ禍に直面したばかりの 2020 年に行われた若手支援のイベントは、新型コロナウィルスのパンデミックによる研究環境の変化を受けて企画されたものですが、それ以前から、同学会の研究委員会は若手支援を積極的に実施してくださっていました。たとえば、「若手会員のための科研費申請支援講座」は代表的なイベントで、現在も続いています。また、学会大会では、若手支援企画の一環として、比較教育学や近しい分野で学ぶ若手研究者を対象とした研究ノウハウやキャリアに関するラウンドテーブルが継続的に実施され、そこで議論された内容は、山内乾史編『比較教育学の研究スキル』及び森下稔他編『比較教育学のアカデミック・キャリア―比較教育学を学ぶ人の多様な生き方・働き方』（いずれも東信堂から出版）といった書

籍として結実しています。これらを振り返ると、学会には、コロナ禍に入る前から若手を支援する土壌が既にあったように思います。こうした土壌の上に、Y-Net の誕生と活動が成り立っていると思っています。

　その一方で、これまでの若手支援は、あくまで先生方が企画し、若手を支援するものが多く、実は、若手が主体となって企画されたイベントはあまりなされてきませんでした。日本比較教育学会で培われてきた若手支援の土壌を大切にしつつも、より若手のニーズに応えるためには、やはり若手自身で様々なイベントや学びの機会を企画する必要があると考えました。これこそが Y-Net の原点です。

2　Y-Net の設立経緯とこれまでの活動

　原点に立ち返り、Y-Net 設立までの経緯を少し振り返ってみます。まず、日本比較教育学会の 2020 年全国大会の中止に伴う代替イベントとして「JCES（日本比較教育学会）2020 年度公式研究発表会」が実施されました。このイベントに、学生会員の有志が運営委員として加わったことを契機に、学会では、若手主体によるイベントがいくつか開催されるようになりました。その一つが、日本比較教育学会第 57 回大会（2021 年 6 月開催）におけるオンライン若手交流会です。研究委員会からサポートを頂きつつ、新たな若手の運営メンバーを迎えて準備・運営にあたりました。当日は、40 名程度の参加者が集まり、和気あいあいとした交流会となりました。

　同時に、こうした活動は Y-Net の設立に向けた動きにもつながりました。先述した研究委員会の先生方に加え、学会事務局のご助力も賜り、同大会の総会にて、「若手交流委員会（仮称）」という名称で、委員会の設置が承認されました。2021 年 6 月 27 日、Y-Net が産声を上げた瞬間でした。

　本格的な活動を始めるにあたって、まず正式な委員会の名称を決めるところから着手しました。それまで研究発表会等で出会った若手を中心に、色々な案を出し合った上でオンラインアンケートを作成し、学会の理事の先生方にご意見を伺いました。その中で、単に「交流する」だけでは浅いのではな

いか、という意見が挙がり、議論を重ねる中で「ネットワーク」がキーワードとして浮上しました。その後、最終的に「若手ネットワーク委員会(Y-Net)」という名称に落ち着きました。

　2022 年 11 月現在、Y-Net の発足後の活動内容としては主に 3 つが挙げられます。一つ目は、研究委員会と Y-Net の共催という形で開催された、若手のための「研究発表会」(2021 年 12 月 11 日開催) です。2020 年度の開催に引き続き、研究委員会の先生方にご協力いただいた一方で、Y-Net の仲間を増やすべく、新たな若手に運営メンバーとして加わってもらいました。また、より若手向けの研究発表会とすべく、これまでの研究成果発表に加えて、研究計画発表という新たなカテゴリーを設けたことが、2020 年度の研究発表会とは異なる点です。二つ目は、第 58 回全国大会 (2022 年度) での「オンライン若手交流会」(2022 年 6 月 26 日開催) です。大会実行委員の先生方から温かいサポートを頂き、本大会からこのイベントが正式なプログラムに組み込まれたことは、Y-Net にとって大きな一歩となりました。この交流会では、様々な若手が交流できるように、ブレイクアウトセッションをランダムに組んでみたり、テーマ別(キャリア、海外調査、論文執筆)にセッションを分けてみたり、国・地域、研究関心を越えた交流になるように工夫しました。そして三つ目が、本書のもとになっている、「インビジブル・カレッジ・セミナー (ICS)」の定期開催 (2021 年 10 月〜 2022 年 8 月) です。この詳細については、次節で述べることにしますが、特筆すべきは、前節で述べた通り、これら Y-Net の活動は、学生が主体となって企画や運営を行っているという点にあります。そして、ICS はそのコンセプトを象徴するものとして位置づけることができると思います。

3　インビジブル・カレッジ・セミナー (ICS) の企画経緯

　そもそも ICS のきっかけは、2021 年度の第 57 回全国大会にて開催されたオンライン若手交流会内での、福留東土先生 (東京大学) のお話でした。交流会では、若手がベテランの先生方に質問をぶつけるコーナーがあり、その

コーナーで福留先生に質問を投げかけたところ、「(私は)結構、失敗している
んです」と、思いがけず、ご自身の失敗経験を参加者の前で共有してくだ
さいました (詳しくは第5章を参照)。第一線で活躍されている先生で、私たち
からは失敗体験などなさそうに見える先生ですが、そんな福留先生でも悩ま
れたり、苦労されたりしたご経験があることに、参加者一同驚きを覚えまし
た。そして、福留先生も含めて、比較教育学にゆかりのある先生方のこれま
での歩みをもっと深く知りたいと思うに至りました。

　それまで若手支援のために出版されていた二つの書籍(本章第1節参照)は、
それぞれ研究スキル、アカデミック・キャリアといった個別のテーマに焦点
化したもので、若手にとってどちらも有意義な内容です。しかし、両者は個
別に語られるものなのでしょうか。研究スキルとアカデミック・キャリアは、
一人の研究者の中にともにあるものだと私は思っています。先生方が得意と
する研究スキルにおいても、これまで歩んできたアカデミック・キャリアに
おいても、それに至ったそれぞれの経緯(ストーリー)があるはずです。時には、
両者のストーリーが交差することで、何かしらの研究スキルの変化やキャリ
アの変化が生まれることもあります。そこで、研究者一人ひとりへのライフ
ストーリーインタビューという手法を通して、比較教育学にまつわるスキル
とキャリアを往還することで、両者を立体的に捉えて理解することができる
のではないか。特にスタートラインに立つ若手にとっては、先生方のリアル
な人生経験からこそ、研究スキルとキャリア形成について学んだり考えたり
することができる貴重な機会になるのではないかと考えました。

　また、先生方へのインタビューは、聞き手になる若手にとって貴重なイン
タビュー調査の場になるというメリットもあります (詳しくは第11章を参照)。
このようにICSを通して、比較教育学にゆかりのある多様な先生方に、若手
がインタビューするという方向性が定まりました。

　そして、「インビジブル・カレッジ・セミナー」という名称には、若手の
主体性というY-Netが大切にしている思いも込められています。このセミ
ナーの名称は、17世紀の英国のロンドン王立協会の創設時に集まった科学
者の集まりの名称である、「インビジブル・カレッジ (Invisible College)」から着

想を得ました。当時、正式な教育機関に所属していなかった多くの研究者が
定期的な会合を開催し、情報の交換や研究上の協力関係の形成がなされて
いたようです (Zuccala, 2006)。このカレッジの大きな特徴は、所属の垣根を超
え、関心のある研究者が集まっていたところにあります。若手の主体性が尊
重される Y-Net において、ライフストーリーのインタビュー企画も、インビ
ジブル・カレッジのように、「学びたい人が自由に集まる場」であってほしい、
という願いを込めて、「インビジブル・カレッジ・セミナー」と命名しました。

ICS の様子（第 6 回 ICS より、2022 年 5 月）

4　「ネットワーク」を拡げる

　なぜ若手「ネットワーク」委員会であり、若手「交流」委員会ではないのか。
今後の Y-Net のさらなる展開として、国内外の学会と連携を通じた、より大
きなネットワークの構築に繋げていくことなどが考えられる中、ここで一度、
これまでの Y-Net の活動を振り返って、改めてネットワークの可能性につい
て考えてみたいと思います。

(1) 垂直的なネットワークを拡げる

　Y-Net の活動の大きな特徴として、若手と先生方との密接な連携が挙げられます。特に Y-Net 設立前後から乾美紀先生・鴨川明子先生・牧貴愛先生が、様々な企画において若手の主体性を尊重しつつも、その実現に向けて支援してくださいました。そして Y-Net の活動を通して、大学も研究テーマや対象とする国・地域も異なり、出会うことすらなかったかもしれない先生方と若手との濃密なつながりが多く生まれました。

　こうした垂直的なネットワークの構築は、ICS にも見られます。本書内の各章で見られるように、多くの先生方が趣旨を理解してくださり、非常に協力的に語り手として登壇してくださいました。他方で、若手にとっては、ICS を通じて、憧れの語り手の先生と繋がるきっかけにもなりました。また、ICS において聞き手を務めた若手は、語り手にいろいろなことをお聞きしたいという強い思いを持っていました。聞き手は ICS の開催にあたって、事前に語り手の先生との綿密な打ち合わせを行った上でインタビューを行いました。また、語り手の先生のご経歴やご研究内容などを事前に深く理解した上で、当日のインタビューを行うよう努めました。この過程を経て生まれた聞き手と語り手のつながりは、容易には構築することのできない強固なものであると言えるでしょう。

　こうした先生方との出会いについては、これまで学会の懇親会や研究会、指導教員を通じての紹介などでしか実現できませんでした。ICS をはじめとする Y-Net のイベントは、若手にとって様々な先生方との出会い、そしてより深い関係性を構築する「きっかけの場」であったと思います。

(2) 水平的なネットワークを拡げる

　Y-Net は、先生方との垂直的なネットワークだけでなく、若手同士のつながりを拡げる場にもなりました。本章の冒頭で述べた通り、そもそも Y-Net の設立のきっかけは、新型コロナウィルスのパンデミックによって、それまで当たり前に対面で行われていた大学や学会大会、研究会を通した、若手同士の交流が困難な状況になったことにあります。特に日本比較教育学会に所属する若手の多くは海外をフィールドとしているため、コロナ禍で現地に行

くことができない不安な状況に直面したはずです。研究手法やキャリア構築の初期段階にある若手にとって、若手同士のネットワークは、単に知り合いを増やすだけでなく、様々な情報を共有し、お互いに切磋琢磨し合う重要な場となります。

　国内外の学会の中には、若手同士のネットワーク構築を目的とした委員会や部会を有していたところもありますが、日本比較教育学会内にはそれに類する組織は Y-Net 設立前までありませんでした。一方、いくつかの大学の合同ゼミや地区別の研究フォーラムはこれまでも活発に行われており、そうしたゼミ同士の活動が、若手同士のネットワーク構築の場となっていたのだと思います。こうした大学のゼミを基盤としたネットワークがすでに構築されていた一方で、どのネットワークにも所属する機会に恵まれなかったり、異なるゼミや大学間で繋がる機会が少なかったりした学生もいました。

　また、比較教育学会に所属する学生特有の事情もありました。たとえば、所属のゼミの中に留学生が多く、日本人学生として孤立していたり、海外の大学院に留学中で、日本とのつながりを求めていたりしている学生も多くいました。コロナ禍から始まった Y-Net の活動でしたが、これらのニーズに対応すべく、オンラインベースであることの利点を最大限に生かしたことで、国内だけでなく世界各国に散らばる様々な若手が「つながる場」にもなっています。

(3) ネットワークを編む

　Y-Net の活動を通じて新たに生まれたネットワークは、垂直方向と水平方向の両軸において拡がりを見せていることはこれまで述べてきた通りです。しかし、長期的な視点に立った際、より重要なことは、これらの両方向のネットワークの拡がりが「同時」に起きているところにある、と私は考えています。なぜなら、垂直方向と水平方向の両方向のネットワークが同時に起こることでもたらされるインスピレーションや研究ネットワークの構築は、若手に留まらず、先生方にももたらされうるからです。

　若手支援がきっかけで設立され、若手を活動の主体とするコンセプトを有する委員会として、Y-Net は活動をスタートさせました。しかし、ICS のよ

うな、若手と先生方が濃密な時間を過ごす活動によって編まれたネットワークは、比較教育学に携わる先生方にとっても若手にとっても、非常に有益な場になっているのではないかと考えます。

5　おわりに

　これまでの Y-Net による若手交流会や研究発表会、ICS などの活動は基本的にオンラインで行われてきました。そのため、実はまだ一度もお互いに対面で会ったことがない場合が多いのですが、それでも私は、Y-Net で生まれたネットワークは特別なものだと思います。前節で述べたように、地域、テーマを越えた、垂直・水平のつながりが生まれ、それによってより活発な研究交流とインスピレーションがもたらされました。Y-Net の良さは、ネットワークが生まれる「きっかけの場」、個別のネットワークが「つながる場」、そして双方向のネットワークが「編み合わさる場」という三つの場が一つに集約されているところにあると考えます。

　私も Y-Net の活動を通じて、様々な恩恵を受けた若手の一人です。まずは、Y-Net を通じて先生方から学んだものを今後、自身の研究やキャリアに活かしたいと思っています。そして、遠い将来、自身が後進を育成する立場になった暁には、自身が Y-Net で多くの先生方に鍛えていただいたように、次世代の新たな若手を鍛え、バトンをつないでいく所存です。

参考文献

Zuccala, A. (2006). Modeling the invisible college. *Journal of the American Society for information Science and Technology*, 57 (2), 152-168.

第11章
ライフストーリーをつむぐ
──「比較教育学者」に聴くキャリア形成のヒント──

鴨川明子

概　要

　私たち日本比較教育学会の若手ネットワーク委員会(Y-Net)にとって、最も大切にしてきたイベントが、インビジブル・カレッジ・セミナー（ICS）です。そもそもこのセミナーを発案してくださったのは、Y-Net委員の牧貴愛先生です。牧先生は、恩師の大塚豊先生のエッセイを参照しながら、ともに学ぶ場として、このセミナーをICSと名付けました。牧先生と学生会員委員代表の須藤玲さん、そして委員長の私とで、何度も議論を重ねて、ICS全体の企画を考え、インタビューの語り手と聞き手の人選を行ってきました。

　セミナーを中心とするY-Netの運営は、学生会員委員が担っています。ICSの主たる聞き手も、彼・彼女らです。言うまでもなく、これまで学生会員委員が主体的に運営を担ってくれたことにより、8回に及ぶICSは非常にスムーズに進みました。

　本章では、ICSの2つの目的に鑑み、比較教育学を学ぶ人にとってのキャリア形成のヒントと、ライフストーリーインタビューのティップスについて前半部で示しています。それらを踏まえて、後半部で、オンラインによるライフストーリーインタビューの可能性と課題をまとめます。本章が、若手研究者だけでなく、様々なライフイベントのために、なかなか海外に行くことができない読者の方にとっても、少しでもお役に立てることを願っています。

1　はじめに

　日本比較教育学会の若手ネットワーク委員会(Y-Net)が主催するインビジブル・カレッジ・セミナー（ICS）は、以下の2つの目的のもとに実施してき

ました。

　比較教育学者へのライフストーリーインタビューに取り組むことを通して、

①若手のキャリア形成のヒントを得る

②インタビューの手法を学ぶ

　本章では、これらの目的に鑑み、「比較教育学者」のキャリア形成から得られるヒントと、オンラインによるライフストーリーインタビューのティップスを示した後に、その可能性と課題についてまとめます。なお、今後、オンラインによるインタビューの必要がなくなる状況になったとしても、できる限り汎用性を持つ内容になるように努めました。

2　比較教育学を学ぶ人にとってのキャリア形成のヒント

　比較教育学を学ぶ人にとって、先人から学ぶことのできるキャリア形成のヒントは何でしょうか。まず、ICS の一つ目の目的であるキャリア形成のヒントについて、私なりに気づいた点をまとめます。

　第一に、日本比較教育学会でご活躍の語り手の先生方は、比較教育学を自らのよって立つ唯一の分野・領域として固定的には捉えていないということです。ライフストーリーインタビューを通じて、比較教育学の先人たちは、比較教育学という一つの学問分野・領域にご自身の研究を閉じ込めず、様々な分野や領域に軸足を置いて、ご研究されておられる方が多いということに気づかされます。それは、ICS で聞き手が毎回最後に聞いていた「比較教育学とは何か」という本質的な問いに立ち戻った時に、「私は比較教育学者かどうか知らない。(中略)私はどんな研究を追求したいのかということに軸を置きたい」(山田肖子先生、本章初出のみ姓名記載・本書初出のみ所属記載、以下同)、「比較教育学者かって聞かれるとちょっと違うかもしれない」(福留東土先生)というご自身のアイデンティティへの言及や、「その時々で必要な分野・領域は異なります」(濵谷佳奈先生)、「自分の興味に合わせて」(芦田明美先生)という語りに端的に表れています。そのことは、語り手の懐の深さを示しているとともに、比較教育学の学際性を表しているとも言えます。つまり、比較

教育学は、教育学、国際教育学、教育社会学、教育方法学、カリキュラム学、地域研究、教育開発論、高等教育論等の近接分野・領域にアイデンティティがあり、かつ外国教育研究に携わっている方たちすべてを包み込み、その意味での幅広さや柔らかさを持つ学問分野・領域であると言えます。

　第二に、語り手のお人柄の特徴として、とても謙虚な方が多いことです。私は毎回そのことに感動し、見習いたいと心から思いました。学会長をお務めになられた大塚豊先生、2022 年現在学会長を務めておられる杉村美紀先生はもちろんのこと、参加者としていらした北村友人先生（東京大学）も同様です。また、最終回に語り手を務めてくださった濱谷先生は、終始周囲のサポートへの感謝を、とても自然に口にされていました。「比較教育学者」は海外で様々な方とコミュニケーションをとる、「外交官」（大塚先生）だからこそ、謙虚さはとても大事なのでしょう。もしかしたら、他分野や他領域の方が持つ比較教育学者のイメージとは若干異なるかもしれません。さらに、その謙虚さは、徹底的に聴くという姿勢（吉田和浩先生）の基礎になるようにも思えます。加えて、私たち比較教育学者が耳を傾けるのは、人の声だけではありません。時に、「谷から上がってくる生活の音や息吹」（山田先生）に耳をすますこともあるのです。

第 3 回 ICS の記念撮影

　第三に、キャリアへの若手の関心が変わってきたことです。若手が大半を占める聞き手には、国際教育開発や国際教育協力を学ぶ人、とりわけその対象もアジアやアフリカの途上国が多いように思います。これは、現在の日本比較教育学会の若手研究者のある種の傾向を表しています。キャリア形成途上にある彼・彼女らは、一様に「実務かアカデミアか」に強い興味関心を抱いています。私たちの世代（執筆当時 40 代、もうすぐ 50 代）は、「地域研究か教育開発か」というテーマについて議論を重ねてきました。私は、その議論を、2000 年代から日本比較教育学会のラウンドテーブルなどで、黒田一雄先生（早稲田大学）、森下稔先生（東京海洋大学）、北村先生、日下部達哉先生（広島大学）らとともに繰り広げてきました。一方、彼・彼女らの多くは、もとより教育開発を志向しているためか、早くから実務家と研究者としての両方の経験をしておきたいと考えているようです。しかし、多少批判的に思うことは、「はたしてゴールを見越して議論しているのだろうか」ということです。彼・彼女らが定量か定性かという手法について議論している場面をしばしば見かけますが、手段や方法、過程について議論をするのに比して、ゴールが何かの議論が足りていない、そんな印象を持っています。山田先生が「まず、問いを持て」と仰ったことにも関わりますが、まず、ゴールを明確にすることが大事なのではないでしょうか。私は、手段が目的化しないとよいと切に願っています。

　次に、ICS の二つ目の目的である、オンラインによるライフストーリーインタビューの特徴とティップスについてまとめます。

3　オンラインによるライフストーリーインタビューの特徴

(1) ライフストーリーとは？

　私は比較教育学を専門にしていますが、その中でもマレーシアを中心とする東南アジアにおける男性や女性のキャリア形成を主たるテーマに研究しています。特に、ライフに重きを置いたキャリア形成に強いこだわりを持って研究を進めてきました。そのため、このセミナーのモチーフになっているラ

イフストーリーに大きな可能性を感じています。

　第一人者の桜井厚先生は、「ライフストーリー研究とは、調査する一人ひとりがインタビューをとおしてライフストーリーの構築に参与し、それによって語り手や社会現象を理解・解釈する共同作業に従事することである (p.7)」と定義しています。つまり、「調査者自身がライフストーリーが生み出される場の一端を担っている (p.8)」という点に、ライフストーリー研究の一つの特質があると言えます（桜井・小林 2005）。

　こうした特質に学びながら、私たち Y-Net のライフストーリーインタビューは、オンラインで実施しました。オンラインで実施したため、語り手、聞き手に加えて参加者（事前申し込みをした、主として日本比較教育学会会員）も、語り手と聞き手が構築するライフストーリーに参与し、ライフストーリーが生み出される場の一端を担っていると言えます。そしてその点にこそ、私たちのオンラインによるライフストーリーインタビューの、最大の特徴があります。

(2) オンラインインタビューのメリット・デメリット

　全 8 回のインタビューを終えて、オンラインインタビューというスタイルにも手ごたえを感じています。今後、コロナ禍が去った後に、子育てや介護等のライフイベントのために海外に行くことができない場合に、日本にいながらにして、海外の調査対象者とオンラインインタビューを実施できるとすれば、長い期間、研究を止めないで済むのではないかと思っています。

　そのためにも、オンラインインタビューのメリットとデメリットを整理しておく必要があります。あくまで体感的なものではありますが、オンラインインタビューには、次のメリットとデメリットが挙げられます（**表** 1 参照）。ただし、「デメリット」については、時間が限られたイベントゆえに強く感じられた特徴もあります。なお、私たちは Web 会議ツール Zoom を利用してインタビューを実施し、実施時に全員から許可を得て録画しています。

表1 オンラインによるライフストーリーインタビューのメリットとデメリット

	メリット	デメリット
語り手	①一度に、多くの聞き手に対して語ることができる。	①対面インタビューに比して、語り手・聞き手双方の熱量が伝わりにくい。②雑談できる時間が限られてしまい、ラポールを築きながらインタビューしづらい。③「間」や「行間」を味わいにくい。
聞き手	①質問事項等を画面共有しながらインタビューできる。②限られた時間の中で、聞きたい点に集中して聞くことができる。③録画したものを後で聞き直し、メモをとることができる。	
参加者	①語り手と聞き手の両方の表情を見ることができる。②いつでも、どこからでも参加できる。	①職場や自宅から参加するため、インタビューに集中しづらい。

出典：「講評メモ」（表2）をもとに筆者作成。

(3) インタビューのあれこれ

　語り手は、日本比較教育学会の学会員（一般会員）です。学会長をお務めになった方、学会賞を受賞された方、博士学位論文を出版された方、フィールドに精力的に出ておられる方、ライフイベント真っ最中の方等、多様で多彩なキャリアとライフを歩んでおられる先生方に、公務のお忙しい合間をぬって時間をつくっていただきました。

　一方、聞き手はY-Netの学生会員委員が中心です。事前に語り手と打ち合わせをする場合もあれば、丁寧にメールでやりとりした後にぶっつけ本番という場合もあります。参加者もまた学会員が中心です。基本的には若手支援企画のため、若手の参加者を想定していましたが、語り手によっては学会の理事の先生方が参加するという光景も見られました。みなさん決まって「元若手です」と、笑顔で自己紹介なさっていらしたことが印象的でした。

　さて、主催者の代表（Y-Net委員長）としての私の役割は、セミナー開会時のあいさつ（2分）とセミナー終盤のインタビューに対する講評（3〜5分）です。それらの役割を果たしさえすれば，あくまで一参加者としてオンラインでのインタビューを味わうことができました。ただ、オンラインの妙で、職場や自宅等どこからでも参加することができるというメリットはありますが、邪魔をするものが多く集中しづらいというデメリットもあります。オンライン

によるインタビューに集中するために、初回からメモをとるように心がけました。初回のメモこそ何を書けばよいか迷走していて、お見せできない代物です。しかし、回を重ねるにしたがって、講評に向かうためのメモに収れんしていきました。**表2**は、セミナーで作成した講評メモのダイジェストです。

　最終的なメモの構成は、タイトル、インタビュー概要、インタビュー逐次メモ、講評(インタビューの内容と方法に対して)です。このように、メモの構成は、海外調査時に作成するフィールドノーツの構成によく似ています。また、聞き手が誰かによってメモの内容が異なるのですが、そこには一定の傾向が見られます。つまり、初期キャリア以上の研究者が聞き手を務めるインタビューは、一参加者として内容面に集中することができたため、方法面での感想はあまり多くはありません。その一方、大学院生によるインタビューではどうしてもその進め方(具体的な問いかけ、話のもって行き方等)が気になって内容面に集中できず、講評も自然と方法面のコメントに偏ってしまっています。

表2　キャリア形成のヒントとインタビュー手法のティップス
―ICS講評メモ(ダイジェスト版)―

	キャリア形成のヒント	インタビュー手法のティップス
第1回 牧貴愛先生 vs 須藤玲さん (博士課程院生) (第9章)	①「僕からタイを取ったら何も残らない」 「何事も勉強」「大学教員は総合職」(師である大塚先生の言葉) ②タイの教師という、先人が着目しなかったテーマへの興味関心。「すべてのテーマは教師に問題がある」。	①初回で大変難しかったと思いますが、準備や打ち合わせを丁寧になさっている様子をうかがい知ることができます。 ②「フィールドワークで何も分からないけど、対応力」と牧先生が熱をこめて仰いましたが、そこに須藤さんとの温度差がありました。準備した部分と語り手が語りたい部分との違いがあるのですね。**語り手が語りたいと思っていることに寄り添うにはどのようにすればよいでしょうか。**
第2回 関口洋平先生 vs 木村祐介さん (研究生) (第6章)	①該当なし。 ②高校生から「東南アジア」に興味を持つ。 日本において様々なリソースを活用する術を紹介。 高等教育を中心とする問いと初等教育に関わる実践上の問いという2つの研究関心(問い)のつながり。	①とても落ち着いてインタビューを進めておられて、安心して拝見できました。特に、相槌や反芻の仕方が巧みで素晴らしいと思います。 ②木村さんにとって、**最もおもしろいと思った点(サビ)はどこか**とふと思いました。あるいは、**関口先生を困らせるような質問があるのもおもしろかった**かもしれませんね。

第3回 大塚豊先生 vs 飛田麻也香さん (博士課程院生) (第1章)	①「本気でインタビューしてくる人には本気で答える」 ②私はお三人の先生方 (大塚先生、杉村先生、北村先生) のお話をうかがっていて、僭越ながら共通点、謙虚さと誠実さ、人を大切にしてくださるという3つの共通点を感じ取りました。	①大塚先生が、「本気でインタビューしてくる人には本気で答える。」とおっしゃられていましたが、大塚先生が本気で答えてくださる瞬間が多くあったのは、飛田さんが、周到に準備した上でインタビューに臨んでくださったおかげかと思います。 ②今後インタビュー回数を重ねられる過程で、ぜひ、「**相手の反応の中で、柔軟に反応し、相手の反応を見ながら、自分が聞きたいところに持っていく。**」という点についても深めていただければと思います。
第4回 小川未空先生 vs 八木歩さん (修士課程院生) (第8章)	①「研究者として生きていく」 「信頼関係を作ろうと思ってつくれるものではない」 「歩く時間が、信頼関係をつくる上でいい時間」 ②違和感が原動力。	①(前略) 修士課程の院生としてこちらも安心して伺うことができました。特に、NGO型のミッションドリブンリサーチとフィールドとの違いについてのインタビューは秀逸でした。 ②今回は**公開型の特殊なセッティング**であるという制約はあるとしても、用意してきた**質問の並び順を臨機応変に変える**等、小川未空先生が力を入れてお話しなさった項目(サビのような部分)をもう少し広げたり突っ込んだりすることができたのではないかな、と素朴に思いました。
第5回 山田肖子先生 vs 田島夕貴さん (博士課程院生) (第4章)	①「谷から上がってくる生活の声を聞き、息吹を感じて、研究者になろうと (博士課程進学を) 決めた」 「まず、問いを持て」 ②「自分が比較教育学者かどうか知らない」と少女っぽくプイっとされたところが印象的。 山田先生の大きさは、様々なディシプリンをくぐってこられたことに起因する。 ③「最近、私には比較教育学しかないなと思うことが多い」と筆者が申し上げると、「それはうらやましい」と言われた。	①山田先生とコミュニケーションをしっかりとることができていたので、安心して見ていられるインタビューでした。相手のトーンに合わせて多少大げさにリアクションしながら聞くスタイルでした。**聞きたい、知りたいという興味関心**が前面に出ておられたため、語り手も自然に語ってくださったのではないかと思っています。 ②インタビューはある部分ハウツーを知ることで磨かれる部分もあると思いますが、**結局は人間力**なのだとそう思わせられるインタビューでもありました。ぜひ場数をつんで、**スキルと人間力と両方を磨いて**ください。

第6回 杉村美紀先生 vs 朝倉隆道先生 (初期キャリア)／乾美紀先生(サードキャリア) (第2章)	①「自分の与えられた環境を活かす」 ②インタビューでは結婚や子育て、仕事の両立について「自分はうまくできたとは思いません」とおっしゃりながらも、朝倉先生が度々丁寧にまとめられていた「環境を活かし」ながら工夫なさっておられたことがよくわかりました。	①時間が過ぎるのがあっというまで、様々な人生(研究に限らず)のティップスが含まれていました。私自身は、女性研究者のキャリア形成について興味関心があったため、杉村先生がどのようなお話をなさるか、準備段階からとても楽しみにしておりました。また、乾先生から、初期キャリアからサード・キャリアと言いますか、「キャリア形成の発展編」についてもご質問いただきました。これは、過去5回にはなかった視点で、大変有益でした。 ②該当なし。
第7回 福留東土先生 vs 守谷富士彦先生・吉田翔太郎先生(初期キャリア) (第5章)	①「自分の失敗は研究につながっている」 「苦しんでいる歴史の方がおもしろい」 ②「ご自分への言葉の使い方はネガティブ、相手へはエンカレッジで構成されている」と申しあげると、「それは、日本比較教育学会で学んだことなんです」と仰った、そのやりとり。	①幾つかICS史上初めてが多いという感想を持ちました。まず、こんなに「失敗」や「辛い」というネガティブワードがインタビューで登場したのは初めてでしたが、守谷さんが挫折と乗り越えという巧みな言葉でまとめてくださいました。次に、一枚目のスライドで1時間使ってくださったのは初めてでした(吉田さんの表情を拝見しながらどのように思っていたのか。どうなさるのかを見守っていました。インタビュアーとインタビュイーの表情を同時に見られるのはオンラインならではだと思いました)。(中略)用意周到なインタビューを、臨機応変に壊したところが素晴らしいと思いました。
第8回 濱谷佳奈先生 vs 今泉尚子さん(博士課程院生) (第7章)	①「みなさんに支えていただいたな。温かい手を差し伸べてくださった方々のおかげだなと。」 ②いろいろなもの(多様性)をつなぐ(連携)という点がすばらしく、それゆえに聞いている私たちがひき込まれるのかなと思いました。(中略)今泉さんがおっしゃられた「まわりを巻き込む」という形容の方がぴったりですね。多様なものをつないで、「最後は巻き込んじゃう」という。	①今泉さんは、濱谷先生の仰る言葉を受け止めて、反復して、今泉さんなりのまとめ言葉で返すのがとても上手だと思いました。ご自身の感想を交えつつ、時に悩んでいることも織り交ぜて、次の質問へという流れがとてもスムーズでした。 ②濱谷先生の歩みは、パラレルというよりは糸と糸をつむぐというか、もっといろいろなものがまじりあっているようなイメージに近いのかもしれません(そういうとらえ方もあったかもしれません)。

註：筆者作成。必ずしも各章の執筆者が挙げているポイントとは合致しない。「キャリア形成のヒント」については、①筆者が最も印象に残ったキーフレーズ、②キャリア形成上印象に残った点(サビ)について、③その他感想を記している。「インタビュー手法のヒント」については、①良い点、②改善点を中心に記している。ただし、いずれにも当てはまらない回もある。なお、セミナー講評時の話し言葉のまま記している場合もある。

4　ライフストーリーインタビューのティップス

　本節では、大学院生等によるインタビューから、今後ライフストーリーイ
ンタビューを行う上でのティップスをご紹介します（表2参照）。

(1) サビはどこか——語り手がスイッチを入れた瞬間を見逃さない（第6章、第7章、第9章）

　木村さん（第6章）は、インタビュー当時研究生でした。Y-Netの最も若い
メンバーの一人です。非常に緊張感をもって準備を進めてきたその姿勢には
頭が下がります。ただ、インタビュー初心者ゆえに、多くの点を満遍なく聞き、
歌で言う「サビ」つまり最も盛り上がる点がどこにあるのかについて、イン
タビューの最後まで明確になってないような印象を、私は持ちました。

　私たち比較教育学者がフィールドで実施するインタビューの多くは、論文
の執筆を企図しています。その場合、ある程度焦点を絞ったインタビューを
する必要があるのではないかと考えています（調査の段階にもよると賛否両論あ
ると思いますが）。そうした意識から、セミナー最後の講評時に、「このライ
フストーリーインタビューのサビはどこでしょうか」と聞き手にたずねるよ
うに心がけました。しかし、ICS前半の回では、どの聞き手からもなかなか
思うような反応が返ってきませんでした。

　ところが回を重ねるにつれて、聞き手がサビを意識してくれるようになっ
たと感じられるようになりました。その理由の一つは、質疑応答時にセミナー
に参加している若手研究者自身から、「このインタビューのサビはどこです
か」という質問が出てくるようになったことが挙げられます。さらに、やは
り回を重ねるにつれて、質問項目がある程度共通して収れんしてくるように
なっただけでなく、質問項目は共通していても、各回にテーマ性やオリジナ
リティが出てくるようにもなってきました。それが、サビを意識してくれて
いると感じるようになった、もう一つの理由です。

　たとえば、最終回の今泉さんの濱谷先生に聞く会（第7章）では、今回のイ
ンタビューのサビは「キャリアとライフを聞くことにある」や、「先進国を研

究する難しさは何か」と、始まる前からその特徴が明示されるようになっていました。このように、聞き手がインタビューのコツをつかみ、スキルが向上してきたように思います。

　もっとも、人生の物語にサビなんてないという批判も大いにあり得ます。私自身、「あなたの人生のサビはどこですか」と聞かれたら、大学院進学？学振採用？結婚？子どもの誕生？就職？それとも博士学位取得？学会賞？と、通り一遍の回答しかできません。そのご批判はごもっともですが、オンラインによるインタビューにおいて、語り手が熱を込めてお話しなさる瞬間が、確かにあるのです。それをサビといってもよいかと思います。しかし、聞き手がうまくそのサビ的瞬間をキャッチできていないように感じる場面が多くありました。それもそのはず、聞き手は時間を管理しながらメモを取り、さらに次の質問の順番も考えなければなりません。しかも、公開型インタビューと言う非常に特殊なセッティングの中で、インタビューをしています。インタビュー初心者や初級者の中には、極度の緊張状態にあった聞き手もいたことでしょう。

　一方、私のように気楽な一参加者は、語り手が熱を込めた瞬間に気づきます。ところが、聞き手が次の質問の準備をしていたり、ことさらに終わりの時間を気にしていたりすると、その瞬間をキャッチすることができなくなってしまうわけです。同じ感想を持った牧先生と私とが、「あの点をもう少し突っ込んで聞いてほしかった」と講評で指摘します。語り手がスイッチを入れた瞬間を、聞き手が見逃してしまうのは本当にもったいないと思うからこそです。

　たとえば、「フィールドワークで何も分からないけど、対応力（が大事）」という牧先生の語り（第9章）は、一つのサビになる可能性を秘めた語りでしたが、須藤さんは追加の質問をしませんでした。この時、私は、語り手と聞き手とに温度差があるように感じました。このように聞き手が準備したものと語り手が語りたいものとに温度差があるとすれば、その温度差をどのようにうめていけばよいでしょうか。語り手が語りたいと思っていることを徹底的に「聴く」こと。まずは、そのことが大事なように思えます。

　語り手がスイッチを入れた瞬間を見逃さないというのは、インタビュー時に大事な点としてことさら強調したい点です。視点を変えれば、「ぶらさがっているえさ」(吉田先生) という人生のきっかけに気づくかどうかにも通じるように思えます。吉田先生の言葉には、キャリア形成過程においてチャンスはみな同じ、問題なのは、そのチャンスに気づくかどうかというメッセージが含まれています。インタビュー時にサビに気づくかどうかは聞き手次第というインタビュー技法のヒントと、キャリア形成のティップスとがつながるような気がしています。

(2)臨機応変さとコミュニケーション能力、結局は人間力(第1章、第4章、第8章)

　では、語り手がスイッチを入れた瞬間を見逃さないようにするためには、どうすればよいでしょうか。まずは、周到な準備と臨機応変な対応が求められます。さらに、インタビュー時に適切な反応ができるかどうかには、結局は人間力やコミュニケーション能力がものを言うようです。その意味では、相手の反応を見ながら誠実に対応した飛田さん (第1章) のインタビューや、コミュニケーション力を打ち合わせの段階から存分に発揮した田島さん (第4章) のインタビューには、それぞれの人間力が垣間見えます。

　一方、語り手が熱を込めた質問に思い切って舵を切る必要性や課題を感じさせたのは、八木さん (第8章) のインタビューでした。八木さんは修士課程の院生で、統計的分析を主たる研究手法に用いてきたため、インタビュー経験はそれほど多くありませんでした。また、インタビュー時も終始事前に準備した質問項目に沿って淡々と進めたため、語り手の小川未空先生も少し答えにくいと感じられた部分もあったのではないでしょうか。

　しかし、彼を素晴らしいと思ったのはセミナーの後です。八木さんは、フォローアップインタビューを自主的に、しかもこっそりと実施していました。彼は、セミナーのインタビュー時に足りなかった点を、後日小川先生からじっくり聞き取り、本書の第8章に反映しました。せっかちな私は、臨機応変さやコミュニケーション能力というものを、ともすれば即時の対応力と同義と考えてしまいがちなのですが、八木さんのようにじっくり時間をかける方法もあるのだと反省しました。また、八木さんの修正力とも言える力から、大

いに学びました。

(3) 周到な準備と「余白」のバランス (第5章)

　修士課程と博士課程の院生に比して、既に初期キャリア (多くは任期付きの助教や研究員) の聞き手によるインタビューには、質問の内容や進め方といった手法だけではなく、その内容に集中して聞くことができる、そんな安心感があります。たとえば、守谷先生と吉田先生の回がそのよい例です (第5章)。守谷先生と吉田先生は、普段のコミュニケーションの取り方や論文の書きぶりにも表れているように、非常に緻密に周到に準備をなさる方です。そのお二人の人柄ゆえ、随分前から質問項目をしっかりと練って、打ち合わせを重ねて準備を進めていました。周到な準備をすばらしいと思う反面、もし本番で思うような反応が返ってこなかったらお二人はどうするのだろうか、と一抹の不安がよぎりました。オンラインインタビューとは言え、ちょっとした余白で語り手の人間性が垣間見え、語り手がスィッチを入れる瞬間があることは前述した通りです。それを適切にキャッチするためにも、自分なりに「本気で準備」(大塚先生) したと思ったら、「ある程度ゆっくり休んで余白をつくる」工夫も必要に思えます。そのことを、インタビュー前にお二人に伝えると、やはり非常にまじめで緻密なメールを返してこられました。

　私もどちらかと言うと準備しすぎるタイプなのですが、学会発表の準備等で根を詰めた時には、中学校の部活動の時に、試合前に顧問の先生からかけられた言葉を思い出すようにしています。「ここまでしっかり練習してきたんだから、試合の一週間前になったらある程度余力を残すように」という言葉です。決して強い部活ではなかったですし、こういう指導が現在も行われているかは定かではないのですが。

(4) 役者顔負けのリアクションと語り手に合わせたまとめ言葉
　 (第2章、第3章、第9章)

　オンラインインタビューでは、多少大げさな相槌を打つ必要があることを教えてくれたのは、朝倉先生でした (第2章)。朝倉先生は、社会人経験があるからか、対面でもいわゆるリアクションのよい人です。そのリアクションのよさを、オンラインインタビューでも存分に見せてくれました。また、朝

倉先生は、語り手に合わせた丁寧なまとめ言葉を使う名手でもありました。特に彼の秀逸なところは、聞き手自身の言葉でまとめ過ぎず、できる限り語り手の言葉を使って表現するというところにあります。

　同じくまとめ言葉の名手は吉野さんでしょう（第3章）。彼女のインタビューセッティングは、学会大会の最終日の限られた時間（45分間）で、吉田先生にインタビューするという特別なものでした。通常のセミナーは2時間（インタビュー時間は60分程度）ですから、いつも以上に限られた時間の中で、ライフストーリーを聞き取ることが求められました。非常に高いハードルです。しかも、吉田先生は、パリのユネスコ本部に向かうために、広島空港から羽田空港に到着されたばかり。序盤は、空港内でインタビューできる場所を探しながらスタートしました。普段から落ち着いている吉野さんとは言え、さすがに焦らざるをえないシチュエーションだったと思います。ですが、彼女は適切かつ丁寧なまとめ言葉を使い、インタビューを見事に完遂しました。私は、学会期間中に3日間子どもを夫に託していたため、大会最終日の夕刻となれば、さすがに子どもたちの世話をしなければと、事前に断って台所仕事をしながら画面をオフにして聞いていました。が、思わず聞き入ってしまう、あっという間の45分間でした。

　忘れてはならないのは、司会を務めてくださった須藤さんです（第9章他）。毎回、なかなかの「役者ぶり」を発揮してくださいます。語り手が楽しそうに話すとそれに合わせて笑い、語り手が人生のしんどい局面を話すと神妙な顔をして共感してみせる、という具合です。おそらく語り手（時に聞き手）は、須藤さんの身振り手振りを交えた反応を見ながら、気持ちよくお話しなさっていたのではないでしょうか。彼は、タイのユネスコバンコクでインターンをしながらセミナーに参加していたのですが、同僚たちに「君は役者になれるね」と言われて、からかわれていたそうです。

(5) オンライン公開型という特殊なセッティング（第5章）

　オンライン公開型でインタビューをする機会は、少なくとも若手研究者に多くある機会とは言えません。一方、参加者にとっても、オンライン公開型という特殊なセッティングは、語り手と聞き手の両方の表情を同時に見るこ

とができるという意味で醍醐味を感じられます。

　その意味で、守谷先生と吉田先生が福留先生にインタビューする回（第5章）は、非常に印象的な回でした。吉田先生が大学院の恩師である福留先生に、序盤の一つ目か二つ目の質問をした時のことです。福留先生が予想以上に丁寧に答えてくださいました。しかも緻密に構造化されたお話で、語られた内容もとてもおもしろいのです。しかし、ICS は、須藤さんの監督下で、セミナー全体2時間という時間管理を厳密にしています。そのため、吉田先生はさぞや時間が気になったことでしょう。私は、聞き手の吉田先生が指導教員である福留先生のお話をさえぎるわけにもいかないから、いったいどうするのだろうかとやきもきしながら、吉田先生の様子や表情をじっと見ていました。後で吉田先生にお話を伺ったところ、「福留先生の話を止めるわけにはいかない」と、早い段階で「腹をくくって」おられたそうです。吉田先生のご対応は、臨機応変な対応の好事例でもあります。

　福留先生は主題について丁寧に語ってくださったのですが、私自身の海外調査経験の中には、苦労してアポを取り付け、ようやくインタビューにこぎつけても、なかなか主題にまでたどりつかず、時間が刻々と過ぎてしまったことがあります。そういう時に、語り手が話したい内容を聞くべきか、話をさえぎってでも聞き手が聞きたい話題に変えるべきか。時間の限られたインタビューでは迷うことが多いように思います。読者のみなさんからのご意見を伺いたいところです。

(6) それでも、聞き手自身の興味関心・悩みに引きつける（第1章、第2章、第7章）

　飛田さんの回（第1章）では、「相手の反応を見ながら柔軟に対応し、相手の反応を見ながら、自分が聞きたいところに持っていく」という非常に難しい課題が生まれました。

　それに関わって、聞き手が聞きたい話題にうまく水を向けてくださったのは、朝倉先生と乾先生です（第2章）。この回は、初めて複数の聞き手によるインタビューでした。しかも、初期キャリアとサード・キャリアにあって、世代の異なる二人によるインタビューです。朝倉先生は社会人を経てから初期キャリア段階にあり、乾先生は様々なキャリアを経た上でのサード・キャ

リアにいらして、それぞれのキャリア形成段階に関わる質問をしてください
ました。特に、乾先生は、最初に大学の管理運営に携わっておられるご自身
の立場性を明らかにしてから質問をなさいました。こうした点は、今後、ラ
イフストーリーインタビューをする上で参考になると思います。

　同様に、博士課程の大学院生である今泉さんは、必ずと言ってよいほど、
ご自身の感想や等身大の悩みをコンパクトに織り交ぜてコメントしてから、
次の質問に移っていました。まとめ言葉や質問はコンパクトに、という点も
存外重要です。それ以上に、「調査者自身がライフストーリーが生み出され
る場の一端を担っている」（桜井・小林 2005、p.8）というライフストーリーの聞
き手の特質を見事に体現してくださったと言えます。

5　おわりに

　最後に、本節では、オンラインによるライフストーリーインタビューの可
能性と課題をまとめます。

　最も強調したいのは、語り手・聞き手、そして参加者とで「サビ」が異な
るという点です。表2やティップスの内容から、語り手・聞き手・参加者に
とってのサビが類似している時もあれば、相違している時もあることがわか
ります。これは、それぞれの世代やジェンダー等の属性、あるいはキャリア
形成過程が異なることから、当然と言えば当然のことです。この点は、いつ
でも、どこからでも柔軟に参加が可能なオンラインによるライフストーリー
インタビューならではの魅力であり、可能性であるとも言えます（表1）。

　その一方、現地に赴き対面で行うインタビューとの差別化が課題です。長
い研究者人生において、ライフイベントのために、簡単にフィールドに赴く
ことができない期間があります。その期間、ワークライフバランスを保ちな
がら研究を止めず、パフォーマンスを最大限に上げていくために、コロナ禍
が去った後も、オンラインインタビューは調査手法のひとつとして確立され
る必要があると考えます。特に、私たち比較教育学を学ぶ者にとって、調査
対象者との物理的距離を容易にうめられることは、最大のメリットです。し

かしながら、フィールドの風や土のにおいを感じながら、現地で行うインタビューに比べて、その情報の質量は遠く及びません。その限界を肝に銘じつつ、オンラインであっても顔を見ながら肉声で得られる情報は、文献調査とは明らかに質が異なり、時に情報をえるための早道になるとも言えます。そうしたオンラインインタビューの特性を最大限に生かすとすれば、海外大学の教員や国際機関の職員を対象としたインタビューから、一定の成果を得ることができるのではないでしょうか(参考文献　鴨川 2022 において実践)。

　以上、「比較教育学者」の先人に学ぶキャリア形成のヒント、ライフストーリーインタビューのティップス、そしてオンラインによるライフストーリーインタビューの可能性と課題についてまとめました。

　最後に、研究者として、一人の人間として、それぞれのライフストーリーを若手会員が聴く場に立ち会い、人生の物語をつむぐお手伝いができたことをとても光栄に思います。本章で記した内容が、少しでも読者のみなさんのお役に立つことができれば幸いです。

参考文献

大久保孝治 (2008)『早稲田社会学ブックレット [社会調査のリテラシー] ライフストーリー分析―質的調査入門―』学文社。

鴨川明子 (2021)「「ワークライフキャリア」の悩みと処方箋―比較教育学をどう生かすか―」森下稔・鴨川明子・市川桂編『若手研究者必携　比較教育学のアカデミック・キャリア』東信堂、pp.139-150。

鴨川明子 (2022)「マレーシアの学校に行けない子どもたち (OOSC) ―「最後のターゲット」貧困層・遠隔地・先住民に対する支援―」日本比較教育学会『比較教育学研究』第 64 号、東信堂、pp.145-160.

桜井厚・小林多寿子編著 (2005)『ライフストーリー・インタビュー　質的研究入門』せりか書房。

桜井厚・石川良子編 (2015)『ライフストーリー研究に何ができるか―対話的構築主義の批判的継承―』新曜社。

山田肖子編・廣瀬桂子編集協力 (2019)『世界はきっと変えられる―アフリカ人留学生が語るライフストーリー―』明石書店。

あとがき

　本書を最後まで読んでいただきありがとうございます。私たちのライフストーリーインタビューいかがでしたか。

　本書は、日本比較教育学会が企画する「若手研究者必携」シリーズの第3弾であり、この第3弾は、同学会に新しくできた若手ネットワーク委員会(Y-Net) が企画し、編んだものです。

　主たる読者として想定している若手研究者には、先人からキャリア形成のヒントを学んでいただくとともに、同世代の若手研究者が国内外で頑張っている姿を励みにしていただきたいと思っています。

　若手研究者を指導していらっしゃる大学教員の方々にとっては、本書の活用方法は様々あるかと思います。たとえば、先生方のライフストーリーを読み物として味わっていただいたり、若手研究者とともに日本の比較教育学を考える素材として読み解いて頂いたり、インタビュー手法を学ぶ書として講義やゼミなどでご活用いただいたりすることができるように思います。

　さらに、若手研究者に限らず、何らかのライフイベントで海外になかなか行くことができない研究者の方には、本書がオンラインインタビューにチャレンジするきっかけになれば幸いです。

　本書の構成は、当初、アジア、アフリカ、欧米と地域別に編まれていました。日本の比較教育学者は地域別に集う傾向にあると、海外で比較教育学を学んでこられた方に伺ったことがあります。たしかに、日本比較教育学会の懇親会などで初対面の方と自己紹介する際に、まず初めに「どの国を研究していますか」とたずね合うことにも、そうした傾向はあらわれています。そして、多くの比較教育学関連の書籍も、地域別に編まれていることが多いように思います。一方、海外(特に欧米)の比較教育学者は、どちらかと言うとトピックやイシューで集うのだそうです。最終的に、本書の構成は、地域でもなく、トピックやイシューでもなく、ライフストーリーという人生の物語により組みなおされました。

　さて、本書の企画は、2021年度に筆者が日本比較教育学会のY-Net委員長を拝命した後に始められました。Y-Netは、もともと研究委員会の歴代委員長（山内乾史先生、森下稔先生、乾美紀先生）のもとで行われていた若手支援企画に特化した委員会です。若手自身がネットワークを構築するという意味を含む委員会名には、私たちのこだわりが込められています。それゆえに、本書が先の2冊と大きく異なる点は、若手研究者自身が、若手研究者必携シリーズを作ったところにあります。

　Y-Net設立時の委員は乾先生、牧先生、学生会員委員代表の須藤玲さんほか4名、そして私でした。委員会設置までに、乾先生と私とで、他学会の若手支援について学ぶために、異文化教育学会の渋谷恵先生（明治学院大学）にインタビューする機会にも恵まれました。そして、委員会が正式に設置されてから、目玉となるイベントについて議論を重ねる中で、今回の企画、インビジブル・カレッジ・セミナー（ICS）が生まれました。

　このセミナーは、私たちY-Netが最も大切にしてきたイベントです。月曜日の朝9時という、とてもさわやかな時間に始まり、語り手の先生方のライフストーリーに励まされ、「よし、一週間頑張ろう」と思いながら終わることがほとんどでした。ただ、回によっては、若手研究者たちがフィールドに出ることができない悩みや、対面の機会が減り、就職活動のままならない苦しさを口々に打ち明け、非常に暗い気持ちのまま終わった回もありました。

　私は、委員長職を拝命した際に、杉村美紀会長から、学生会員チームが主体となって進める様子を見守るというミッションを頂戴しました。委員会発足時から1年と数か月が経ち、おせじにもうまくできたとは言えませんが、乾先生はじめ研究委員会の先生方の豊かな経験に基づくサポートと、Y-Net学生会員委員と委員の力とがうまく融合し、チームとして本書の完成にこぎつけることができました。

　もし本書に称賛をいただけるとしたら、Y-Netゆかりのみなさんにお伝えください。そして、もしお叱りをうけることがあるとしたら、どうぞ私までお寄せください。

　コロナ禍はまだ続いています。懇親会で会う機会や気軽に雑談する機会は完全には復活していません。そうした困難な状況でも、このあとがきを書いているころ、Y-Net ゆかりの若手研究者たちが、約 3 年ぶりに海外のフィールドに出発し、タイ、イスラエル、マラウイなどからオンラインでつながって、画面越しに元気な姿を見せてくれています。若手の方々がフィールドで頑張っている姿を見ることができ、何よりも嬉しく思います。

　末筆ながら、杉村美紀会長、丸山英樹事務局長はじめ事務局の先生方、乾委員長をはじめとする研究委員会の先生方のあたたかいご支援に感謝申し上げます。

　2022 年 10 月

　　　　　　　　　　　　　編者を代表して

　　　　　　　　　　　　　　　　　　鴨川明子・牧貴愛

事項索引

執筆者一覧 (執筆順、○印編著者)

飛田　麻也香	広島大学大学院 (第 1 章)
朝倉　隆道	広島大学研究員 (第 2 章)
吉野　華恵	東京大学大学院 (第 3 章)
橋本　拓夢	広島大学大学院 (コラム)
田島　夕貴	東京大学大学院 (第 4 章、コラム)
守谷　富士彦	桃山学院教育大学助教 (第 5 章)
吉田　翔太郎	山梨大学特任助教 (第 5 章)
木村　祐介	広島大学大学院 (第 6 章)
今泉　尚子	早稲田大学大学院 (第 7 章)
八木　歩	神戸大学大学院 (第 8 章)
○須藤　玲	東京大学大学院 (第 9 章、第 10 章)
○鴨川　明子	山梨大学准教授 (第 11 章)
○牧　貴愛	広島大学准教授

若手ネットワーク委員会委員一覧

第一期：2021 年 6 月〜 2022 年 6 月
　　　　　委員長　鴨川 明子
　　　　　委　員　乾 美紀・牧 貴愛
　　　　　学生会員委員　須藤 玲 (代表)・木村 祐介・西川 侑里・田島 夕貴

第二期：2022 年 6 月〜 2023 年 6 月 (予定)
　　　　　委員長　鴨川 明子
　　　　　委　員　牧 貴愛・小川 未空・朝倉 隆道・守谷 富士彦
　　　　　学生会員委員　須藤 玲 (代表)・木村 祐介・田島 夕貴・吉野 華恵・
　　　　　　　　飛田 麻也香・八木 歩・橋本 拓夢・黒川 智恵美・今泉 尚子

編者略歴

鴨川 明子（かもがわ あきこ）

1974 年生まれ。2007 年早稲田大学大学院教育学研究科にて博士（教育学）。現在、山梨大学大学院総合研究部教育学域（幼小発達教育講座）准教授。
専攻：比較教育学、マレーシア研究、キャリア形成とジェンダー。
主要著作：鴨川明子著『マレーシア青年期女性の進路形成』（単著、東信堂、2008 年）、鴨川明子編『アジアを学ぶ―海外調査研究の手法―』（単編著、勁草書房、2011 年）、鴨川明子「マレーシアの公立大学における「リバース・ジェンダー・ギャップ」―進む女性の高学歴化、その光と影―」長沢栄治監修，服部美奈・小林寧子編『イスラーム・ジェンダー・スタディーズ第 3 巻 教育とエンパワーメント』（分担執筆、明石書店 2020 年）、森下稔・鴨川明子・市川桂編著『比較教育学のアカデミック・キャリア』（共編著、東信堂、2021 年）。

牧 貴愛（まき たかよし）

1978 年生まれ。2008 年広島大学大学院教育学研究科にて博士（教育学）。現在、広島大学大学院人間社会科学研究科国際教育開発プログラム准教授。
専攻：比較教育学
主要著作：牧貴愛著『タイの教師教育改革―現職者のエンパワメント―』（単著、広島大学出版会、2012 年）、大塚豊監修・牧貴愛編著『アジア教育情報シリーズ 2 巻 東南アジア編』（編著、一藝社、2021 年）、馬場卓也・清水欽也・牧貴愛編著『国際教育開発入門―フィールドの拡がりと深化―』（共編著、学術研究出版、2020 年）。

須藤 玲（すどう れい）

1995 年生まれ。2020 年上智大学大学院総合人間科学研究科にて修士（教育学）。現在、東京大学大学院教育学研究科学校教育高度化専攻博士課程に在籍。日本学術振興会特別研究員（DC1）。
専攻：比較教育学、東ティモール研究、教授言語問題、言語マイノリティ。
主要著作：東京大学教養教育高度化機構アクティブラーニング部門編『東京大学のアクティブラーニング―教室・オンラインでの授業実施と支援―』（分担執筆、東京大学出版会、2021 年）、須藤玲「東ティモールにおける「母語を基礎とした多言語教育（EMBLI）」の広域化を阻害する要因の検討―政策形成過程に着目して―」『比較教育学研究』（第 64 号、2022 年）、須藤玲「東ティモールにおける教授言語政策の歴史的変遷」『東京大学大学院教育学研究科紀要』（第 61 巻、2022 年）。

若手研究者必携 比較教育学のライフストーリー
——研究スキル×キャリア形成——

2023年3月31日 初 版第1刷発行 〔検印省略〕
定価はカバーに表示してあります。

編著者 ©鴨川明子・牧貴愛・須藤玲／発行者 下田勝司 印刷・製本／中央精版印刷

東京都文京区向丘 1-20-6 郵便振替 00110-6-37828 発行所
〒113-0023 TEL (03)3818-5521 FAX (03)3818-5514 株式会社 東信堂
Published by TOSHINDO PUBLISHING CO., LTD.
1-20-6, Mukougaoka, Bunkyo-ku, Tokyo, 113-0023, Japan
E-mail : tk203444@fsinet.or.jp http://www.toshindo-pub.com

ISBN978-4-7989-1850-1 C3037
© Akiko Kamogawa, Takayoshi Maki, Rei Sudoh

東信堂

※定価：表示価格（本体）＋税　　〒113-0023　東京都文京区向丘1-20-6　TEL 03-3818-5521　FAX03-3818-5514
Email tk203444@fsinet.or.jp　URL:http://www.toshindo-pub.com/

東信堂

書名	著者	定価
韓国のキリスト教主義高等教育機関の形成 ―教育統制下における「協調」戦略	松本麻人	三六〇〇円
韓国大学改革のダイナミズム ―ワールドクラス《WCU》への挑戦	馬越徹	二七〇〇円
韓国の才能教育制度 ―その構造と機能	石川裕之	三八〇〇円
韓国の現代学校改革研究 ―1990年代後半の教師たちを中心とした新しい学校づくり	申智媛	四二〇〇円
カンボジア「クルー・チャッタン」の時代 ―ポル・ポト時代後の初等教育	千田沙也加	四五〇〇円
イスラーム教育改革の国際比較	日下部達哉編著	二七〇〇円
バングラデシュ農村の初等教育制度受容	日下部達哉	三六〇〇円
インドネシアのイスラーム基礎学習の組織的展開 ―学習テキストの創案と普及	中田有紀	三三〇〇円
中央アジアの教育とグローバリズム	嶺井明子・川野辺敏編著	三二〇〇円
インドの無認可学校研究 ―公教育を支える「影の制度」	小原優貴	三二〇〇円
タイの人権教育政策研究 ―人権と伝統的多様な文化との関係	馬場智子	二八〇〇円
チュートリアルの伝播と変容 ―留学概念の転換 イギリスからオーストラリアの大学へ	竹腰千絵	四七〇〇円
トランスナショナル高等教育の国際比較	杉本均編著	三六〇〇円
マレーシア青年期女性の進路形成	鴨川明子	二八〇〇円
［第三版］オーストラリア・ニュージーランドの教育 ―グローバル社会を生き抜く力の育成に向けて	青木麻衣子・佐藤博志編著	二〇〇〇円
戦後オーストラリアの高等教育改革研究 ―オーストラリアのグローバル教育の理論と実践	杉本和弘	五八〇〇円
オーストラリア教育研究の継承と新たな展開	木村裕	三六〇〇円
オーストラリアの教員養成とグローバリズム ―多様性と公平性の保証に向けて	本柳とみ子	三六〇〇円
オーストラリア学校経営改革の研究 ―自律的学校経営とアカウンタビリティ	佐藤博志	三八〇〇円
オーストラリアの言語教育政策 ―多文化主義における「多様性と」「統一性」の揺らぎと共存	青木麻衣子	三八〇〇円

※定価：表示価格（本体）＋税　〒113-0023　東京都文京区向丘1-20-6　TEL 03-3818-5521　FAX03-3818-5514
Email tk203444@fsinet.or.jp　URL:http://www.toshindo-pub.com/

東信堂

書名	著者	定価
イギリスの自由教育論争：：教養をめぐる科学と文学の相克	本宮裕示郎	三四〇〇円
米国シカゴの市民性教育 ―子どものエンパワメントの視点から	久保園梓	四三〇〇円
オープン・エデュケーションの本流 ―ノースダコタ・グループとその周辺	橋髙佳恵	三六〇〇円
米国の特殊教育における教職の専門職性理念の成立過程	志茂こづえ	四三〇〇円
アメリカ教育例外主義の終焉 ―変貌する教育改革政治	青木栄一監訳	三六〇〇円
米国における協働的な学習の理論的・実践的系譜 ―教室・学校・地域の連関の創造	福嶋祐貴	三六〇〇円
現代アメリカ貧困地域の市民性教育改革	古田雄一	四二〇〇円
アメリカにおける学校認証評価の現代的展開	浜田博文編著	二八〇〇円
現代アメリカの教育アセスメント行政の展開 ―マサチューセッツ州（MCASテスト）を中心に	北野秋男編	四八〇〇円
現代アメリカ貧困地域の市民性教育改革 ―教室・学校・地域の連関の創造	古田雄一	四二〇〇円
アメリカ公民教育におけるサービス・ラーニング	唐木清志	四六〇〇円
〔再増補版〕現代アメリカにおける学力形成論の展開 ―スタンダードに基づくカリキュラムの設計	石井英真	四八〇〇円
ハーバード・プロジェクト・ゼロの芸術認知理論とその実践 ―内なる知性とクリエティビティを育むハワード・ガードナーの教育戦略	池内慈朗	六五〇〇円
アメリカにおける多文化的歴史カリキュラム	桐谷正信	三六〇〇円
才能教育・2E教育概論 ―ギフテッドの発達多様性を活かす	松村暢隆	三六〇〇円
アメリカの才能教育 ―多様な学習ニーズに応える特別支援	松村暢隆	二五〇〇円
教師教育におけるスタンダード政策の再検討 ―社会的公正、多様性、自主性の視点から	牛渡亮／牛渡淳	三四〇〇円

※定価：表示価格（本体）＋税　　〒113-0023　東京都文京区向丘1-20-6　TEL 03-3818-5521　FAX03-3818-5514
Email tk203444@fsinet.or.jp　URL:http://www.toshindo-pub.com/

東信堂

高等教育システム強化のための緩衝組織の構造と機能 —孤立した大学改革の一般化の観点から　柴 恭史　四二〇〇円

大学職員人事異動制度の実証的研究 —職務遂行高度化への効果検証　木村弘志　四二〇〇円

STEM高等教育とグローバル・コンピテンス —人文・社会との比較も視野に入れた国際比較　山田礼子編著　三六〇〇円

2040年 大学教育の展望 —21世紀型学習成果をベースに　山田礼子　二八〇〇円

高等教育の質とその評価—日本と世界　山田礼子　二八〇〇円

学士課程教育の質保証へむけて —学生調査と初年次教育からみえてきたもの　山田礼子　三二〇〇円

大学教育を科学する—学生の教育評価の国際比較　山田礼子編著　三六〇〇円

一年次（導入）教育の日米比較　山田礼子　二八〇〇円

女性学長はどうすれば増えるか —国内外の現状分析と女性学長からのメッセージ　河野銀子編著　一八〇〇円

2040年 大学が甦れ —カギは自律的改革と創造的連帯にある　田中弘允・佐藤博明・田原博人 著　二四〇〇円

検証 国立大学法人化と大学の責任 —その制定過程と大学自立への構想　田中弘允・佐藤博明・田原博人 著　三七〇〇円

女性の大学進学拡大と機会格差　小林雅之編著　六八〇〇円

高等教育機会の地域格差 —地方における高校生の大学進学行動　朴澤泰男　五六〇〇円

教育機会均等への挑戦 —授業料と奨学金の8カ国比較　日下田岳史　三六〇〇円

大学進学にともなう地域移動 —マクロ・ミクロデータによる実証的検証　遠藤健　三六〇〇円

国立大学職員の人事システム —管理職への昇進と能力開発　渡辺恵子　四二〇〇円

国立大学法人の形成　大﨑仁　二六〇〇円

国立大学・法人化の行方 —自立と格差のはざまで　天野郁夫　三六〇〇円

日本の大学経営 —自律的・協働的改革をめざして　両角亜希子　三九〇〇円

私立大学の経営と拡大・再編 —一九八〇年代後半以降の動態　両角亜希子　四二〇〇円

学長リーダーシップの条件　両角亜希子編著　二六〇〇円

大学経営・政策入門　東京大学 大学経営・政策コース編　二四〇〇円

※定価：表示価格（本体）＋税　〒113-0023 東京都文京区向丘1-20-6　TEL 03-3818-5521　FAX03-3818-5514　Email tk203444@fsinet.or.jp　URL:http://www.toshindo-pub.com/

※定価：表示価格（本体）＋税　　〒113-0023　東京都文京区向丘1-20-6　TEL 03-3818-5521　FAX03-3818-5514
Email tk203444@fsinet.or.jp　URL:http://www.toshindo-pub.com/

東信堂

書名	著者	定価
オックスフォード キリスト教美術・建築事典	P&L・マレー著／中森義宗監訳	三〇〇〇〇円
イタリア・ルネサンス事典	J・R・ヘイル編／中森義宗監訳他	七八〇〇円
美術史の辞典	P・デューロ他／中森義宗・清水忠志訳	三六〇〇円
涙と眼の文化史 —中世ヨーロッパの 標章と恋愛思想	徳井淑子訳	三六〇〇円
青を着る人びと	伊藤亜紀	三五〇〇円
社会表象としての服飾 —近代フランスにおける異性装の研究	新實五穂	三六〇〇円

書名	著者	定価
病と芸術 —「視差」による世界の変容	中村高朗編著	一八〇〇円
象徴主義と世紀末世界	中村隆夫	二六〇〇円
イギリスの美、日本の美 —ラファエル前派と漱石、ビアズリーと北斎	河村錠一郎	二六〇〇円
美を究め美に遊ぶ —芸術と社会のあわい	荻野厚志編著	二八〇〇円
バロックの魅力	小穴晶子編	二六〇〇円
新版 ジャクソン・ポロック	藤枝晃雄	二六〇〇円
西洋児童美術教育の思想 —ドローイングは豊かな感性と創造性を育むか？	要真理子・前田茂監訳	三六〇〇円
ロジャー・フライの批評理論 —知性と感受性の間で	要真理子	四二〇〇円
レオノール・フィニ —境界を侵犯する新しい種	尾形希和子	二八〇〇円

【世界美術双書】

書名	著者	定価
バルビゾン派	井出洋一郎	二〇〇〇円
キリスト教シンボル図典	中森義宗	二三〇〇円
パルテノンとギリシア陶器	関隆志	二三〇〇円
中国の版画 —唐代から清代まで	小林宏光	二三〇〇円
象徴主義 —モダニズムへの警鐘	中村隆夫	二三〇〇円
中国の仏教美術 —後漢代から元代まで	久野美樹	二三〇〇円
セザンヌとその時代	浅野春男	二三〇〇円
日本の南画	武田光一	二三〇〇円
画家とふるさと	小林忠	二三〇〇円
ドイツの国民記念碑 —一八一三─一九一三年	大原まゆみ	二三〇〇円
日本・アジア美術探索	永井信一	二三〇〇円
インド、チョーラ朝の美術	袋井由布子	二三〇〇円
古代ギリシアのブロンズ彫刻	羽田康一	二三〇〇円

※定価：表示価格（本体）＋税　　〒113-0023　東京都文京区向丘1-20-6　　TEL 03-3818-5521　FAX03-3818-5514
Email tk203444@fsinet.or.jp　URL:http://www.toshindo-pub.com/

東信堂

責任という原理 ——科学技術文明のための倫理学の試み（新装版）　H・ヨナス／加藤尚武監訳　四八〇〇円

主観性の復権 ——心身問題から『責任という原理』へ　H・ヨナス／宇佐美・滝口訳　二〇〇〇円

ハンス・ヨナス「回想記」　H・ヨナス／盛永・木下・馬渕・山本訳　四八〇〇円

生命の神聖性説批判　H・クーゼ／飯田・石川・小野谷・片桐・水野訳　四六〇〇円

生命科学とバイオセキュリティ ——デュアルユース・ジレンマとその対応　河原直人編著　二四〇〇円

医学の歴史　今井道夫監訳　二七〇〇円

安楽死法：：ベネルクス3国の比較と資料　石渡隆司訳　一二〇〇円

死の質 ——エンド・オブ・ライフケア世界ランキング　盛永審一郎監修　三二〇〇円

バイオエシックスの展望　坂井・松浦編著　一二〇〇円

死生学入門 ——小さな死・性・ヒューマニチュード　松浦悦子編著　二三〇〇円

生命の問い ——生命倫理学と死生学の間で　大林雅之　二〇〇〇円

生命の淵 ——バイオシックスの歴史・哲学・課題　大林雅之　二〇〇〇円

今問い直す脳死と臓器移植【第2版】　澤田愛子　二〇〇〇円

キリスト教から見た生命と死の医療倫理　浜口吉隆　二三八一円

動物実験の生命倫理 ——個体倫理から分子倫理へ　大上泰弘　四〇〇〇円

医療・看護倫理の要点　水野俊誠　二〇〇〇円

テクノシステム時代の人間の責任と良心　H・レンク／山本・盛永訳　三五〇〇円

原子力と倫理 ——原子力時代の自己理解　小笠原道雄編　一八〇〇円

科学の公的責任 ——科学者と私たちに問われていること　Th・リット／小笠原・野平訳　一八〇〇円

歴史と責任 ——科学者は歴史にどう責任をとるか　Th・リット／小笠原・野平編訳　一八〇〇円

（ジョルダーノ・ブルーノ著作集）より

カンデライオ　加藤守通訳　三二〇〇円

聖灰日の晩餐　加藤守通訳　三二〇〇円

原因・原理・一者について　加藤守通訳　三二〇〇円

傲れる野獣の追放　加藤守通訳　四八〇〇円

英雄的狂気　加藤守通訳　三六〇〇円

ロバのカバラ ——ジョルダーノ・ブルーノにおける文学と哲学　N・オルディネ／加藤守通監訳　三六〇〇円

※定価：表示価格（本体）＋税　〒113-0023　東京都文京区向丘1-20-6　TEL 03-3818-5521　FAX03-3818-5514
Email tk203444@fsinet.or.jp　URL:http://www.toshindo-pub.com/